KB024347

월 200도 못 벌면서
집부터 산 31살
이서기 이야기 2

월 200도 못 벌면서
집부터 산 31살
이서기 이야기 2

:

이서기 지음

P page2

일러두기

- 이 책은 네이버 카페 「부동산 스터디」에 연재된 '이서기 시리즈'를 엮어 만들었습니다.
- 인물의 성격과 특징을 살리기 위해 입말을 살렸으며, 일부는 인터넷 문체를 그대로 사용하였음을 알려드립니다.

"월급 200만 원."

5년 전에도 월급 200만 원은 쥐꼬리, 박봉의 상징이었는데 2021
년이 된 지금에도 이 기준은 별반 다를 것이 없습니다.

이 이야기는 월 200만 원도 못 벌지만, 내 몸 하나 누일 수 있는
집 한 칸 마련하는 것이 꿈이 되어버린 평범한 사람들의 이야기
입니다. 겁도 없이 집을 산 게 아니라, 겁이 많아서 집을 산 평범
한 사람들의 이야기입니다.

퇴근 후 지친 몸을 이끌고 걱정 없이 향할 수 있는 곳, 우리들
의 '집' 이야기에는 부동산 투자를 장려하는 의도가 없음을 밝힙
니다.

각자의 자리에서 살아남기 위해 매 순간 고군분투하는 이 세상
모든 이서기님들께 이 이야기를 바칩니다.

고맙습니다.

이서기 드림

평범한 직장인이
자본주의 사회에서
살아남는 방법

○

안녕하세요. 반갑습니다.
네이버 「부동산 스터디」 카페의 운영자 붇옹산입니다.

이번 부동산 상승장에는 정말 많은 부동산 관련 신조어가 등장한 것 같습니다. 그러나 그 많은 신조어들 중에서 가장 슬픈 단어는 '벼락거지'가 아닐까 합니다. 급작스러운 자산 상승기에 자산을 소유하지 못하여 가진 자와 그렇지 못한 자의 격차가 벌어져

버린 이 현상. 이렇게까지 될 줄 누가 알았을까요.

저는 이와 같은 자산 급등기를 겪은 것이 처음은 아닙니다. 2000년대 초반부터 후반까지 이어진 긴 상승장에도, 당시 사회초년생들은 감내하기 힘든 어마어마한 폭등이 있었거든요.

2000년대 초, 20대 후반이었던 저는 결혼을 했습니다. 양가 부모님의 도움을 얻어서 동작구 사당동의 보증금 8500만 원짜리 전셋집에서 시작했는데, 작은 방 2개에 거실은 없고 부엌만 조그맣게 있는 10평 조금 넘는 크기의 다세대주택이었어요. 차는 부모님께서 물려주신 10년 가까이 된 소나타2를 탔는데, 다세대주택 특성상 주차공간이 부족해서 새벽이나 아침에, 뒤에 있는 차가 나가야 한다며 전화하면 졸린 눈을 비비며 비몽사몽 차를 빼던 일이 생각나네요.

그때 저는 용산에서 일했는데, 동부이촌동의 대우한강 아파트(전용 60㎡)의 전세 가격이 약 1억 5000만 원이었던 것으로 기억납니다. 먹고 살기도 빠듯하고 투자를 생각할 만한 종잣돈을 마련하기도 쉽지 않았던 30대 초반, 나는 언제쯤 돈을 모아서 저 아파트에 전세라도 들어가서 살 수 있을까, 마냥 동경하기만 했습니다.

그 시절에도 30대들이 아파트 청약에 당첨되기란 하늘에 별따기처럼 어려웠습니다.

투기과열지구 내에서는 만 35세 이상 무주택 세대주에게 공급 물량의 대부분을 우선 공급하고, 남는 물량에 대해서만 추첨으로 공급했기 때문에 아파트 청약을 통해 내집마련을 하기란 현실적으로 불가능하다는 것을, 청약에서 몇 번 떨어져 보니 알 수 있겠더군요.

2005년에 와서야 겨우 처음으로 5000만 원 정도의 종잣돈을 모을 수 있었는데, 이 돈으로 당시에 구입 가능했던 인기 없는 주상복합 아파트의 분양권을 매수하게 됩니다. 당시 어떤 마음이었냐면, 부동산 가격이라는 버스가 달려가는데, 버스 문이 닫히기 전에 내 목이라도 끼워 넣을 수만 있다면 나는 목이 낀 채로 너덜너덜 끌려가도 좋다, 할 정도로 막차를 얻어타고 싶은 심정이었습니다.

생각해 보면 참 대책 없이 질렀던 것도 같습니다. 아파트 중도금대출이 분양대금의 40%밖에 되지 않아서, 20%는 현금으로 자납해야 하는데 그 돈을 마련하는 게 녹록지 않아서, 전세 보증금을 줄이려고 당시 사당동의 다세대주택 전세를 빼서 용산의 수십 년 된 낡은 단독주택으로 이사를 했습니다. 저희 집 큰 애는 커다란 바퀴벌레가 날아다니는 낡은 집에서 어린 시절을 보냈고요. 그러나 다행히 그때 그렇게 억지로 얻어탄 막차는 이후 부동산 상승장이 더 이어지며, 저희 집안의 기둥뿌리가 되어주었습니다.

이 소설에 등장하는 주인공들에게 녹아 있는 부동산 이야기들을 보며, 저의 30대 초반을 생각하지 않을 수 없었습니다. 이 시대를 살아가는 소설 속 주인공들의 고민은 과거의 제가 30대 초반에

했던 고민이며, 결국 또 우리 아이들이 반복하여 마주하게 될 그런 고민이겠구나 하는 생각이 듭니다.

내집 마련을 하고, 부동산 투자를 결정하였던 30대 시절의 선택이 결과적으론 40대의 저, 저희 가족에겐 안정과 풍요로움을 가져다주었습니다. 물론 그 과정이 쉬운 것만은 아니었습니다. 2008년 미국 금융위기 이후 도래한 부동산 하락장을 힘겹게 겪어내야 했으며, 집을 지키기 위해서 한동안 정말 고통스럽게 버텨내야 하기도 했습니다.

인생에 정답이 어디 있을까요. 항상 세상은 내가 생각한 대로 움직여주지 않습니다.

소설 속의 주인공들은 각자의 위치에서 참으로 고단한 21세기를 열심히 살아내는 모습들을 보여줍니다. 보금자리를 마련하고, 현재를 지키려는 이들의 선택들이 해피 엔딩으로 마무리되길 기원합니다.

그리고 2021년을 살아내고 있는 여러분,

우리들의 삶들 또한 해피 엔딩으로 향하길 기도해봅니다.

2021.11.6

붇옹산(「부동산 스터디」 카페 운영자)

○

"야! 200도 못 벌면서 맥주 남기지 마!"

강렬했던 첫 문장을 시작으로 빠르게 읽어나갔다. 책 속에 등장하는 인물들이 허구인지 실제인지 헷갈릴 정도로 디테일해서 감정이입 하는 것을 멈출 수 없었다.

'주식에 투자하면 망한다'는 엄마와 취업 대신 스마트스토어를 선택한 동생 사이에서 갈등하는 주인공을 지켜보며, 현재를 살아가는 2040세대의 고민거리를 고루 잘 다뤘다고 생각했다.

아끼고 저축해서 평범하게만 살 것인지, 영끌해서 보금자리를 마련할 것인지, 양 갈래 길에서 어떤 것을 선택할지 고민된다면 이 책을 읽고 답을 찾길 바란다.

신사임당(경제 유튜버, 『킵고잉』 저자)

○

안정적인 삶의 대명사처럼 여겨졌던 공무원이라는 직업을 가진 다채로운 사람들의 결코 안정적으로 보이지 않는 자본주의 스펙터클 대서사시.

서울대 출신 9급 공무원, 압구정 현대아파트에 사는 계약직 공무원, 200원(200억 원 아님) 횡령 공무원까지.

흥미롭고 재미있지만 한편으로는 짠하기도 한 우리 시대 공무원들의 리얼한 인생 이야기를 엿볼 수 있습니다.
그래서 결론은… 공무원도 사람입니다.

박성현(경제적 자유를 찾아서, 『나는 주식 대신 달러를 산다』 저자)

목차

:

3부
가시밭길은 우리만 밟을게

3부

"가시밭길은
우리만 밟을게"

저 압구정 현대아파트 살아요

땡땡한 내 다래끼는 어제만 해도 금방 터질 것 같았는데 아침이 되니 좀 괜찮아졌다. 기승전결을 마친 내 다래끼는 곧 소강 상태로 들어갔다. 첫 집 계약이라는 폭풍이 휩쓸고 지나간 후 언제 그랬냐는 듯 평화가 찾아온 여정이의 바다처럼.

현우가 아침에 내 눈을 뒤집어 까보고 말한다.

"안 째도 되겠는데? 어제 눈에 뭐 했어?"

"어제 뭐 했더라. 여정이 부동산 갔다가, 슬기 보러 갔다가…. 아 맞다! 소라가 준 소염제 먹었다."

현우가 씩 웃으면서 말한다.

"너네는 진짜 좋은 친구들 같아. 따로 있으면서도 같이 가는 그런 사이. 따로 또 같이."

나는 그렇게 말해주는 현우를 보고 웃는다.

그렇게 모처럼 기분 좋게 출근을 해서 탁상달력을 본다.

　행정지원과 점심 - 아주 식당

오늘은 행정지원과에 새로 들어온 한 과장과 행정지원과에서 다른 과로 옮겨간 고 과장, 그리고 우리 교육지원과의 점심식사가 잡혀 있다. 박 계장은 오늘 집안일로 자리를 비웠다.

행정지원과의 새로운 멤버 한 과장님은 요즘 직원들의 얼굴을 익힐 겸 모든 팀과 돌아가면서 식사 약속을 잡고 있는데, 고 과장은 과도 바뀐 마당에 뭐가 그리도 불안한지 항상 그 자리에 꾸역꾸역 끼곤 한다.

점심 회식 메뉴는 팔팔 끓여 먹는 부대찌개다. 나는 메뉴를 보자마자 생각한다.

'옷이랑 머리에 냄새 엄청 배겠네.'

부대찌개는 끓이기 시작하면서부터 냄새 입자가 온몸에 달라붙는다. 국물이 졸아들고, 라면이 퉁퉁 불어터지고, 야채가 흐물흐물해질 때까지 푹푹 끓이면, 지금 펄펄 끓고 있는 게 부대찌갠지 나인지 구별도 안 될 만큼 한 냄새로 버무려진다. 팍팍 끓일수록 스팸과 싸구려 소시지에서 우러나오는 그 조미료의

감칠맛은 인간의 혀를 현혹하는 인류의 위대한 발명품이다.

나도 오늘은 왠지 그 마약 같은 조미료가 당겨서 이 식사가 그렇게 나쁘지는 않다. 내 돈 주고 조미료를 사 먹진 않아도 남이 사주는 건 또 먹을 만하다.

'이왕에 먹는 거 걸쭉하게 꽉꽉 졸여서 통통해진 당면이랑, 스팸이랑, 두부랑 촙촙촙 으깨서 흰쌀밥에 야무지게 비벼가지고 아삭아삭한 콩나물무침 착 올려서 한 그릇 뚝딱 해야지' 하고 오늘의 전투적인 식사를 단단히 다짐한다. 12시가 되자 우리 모두는 식당으로 우르르 몰려간다.

식당에 들어가니 한 과장과 고 과장은 이미 도착해서 한 테이블에 앉아 있다. 다들 그 어느 때보다도 날쌔게 상석 테이블과 먼 자리부터 차곡차곡 채워앉는다.

나와 후임은 타이밍을 놓쳤다. 잠시 신발장에서 망설이고 있는데 화장실을 갔다 온 최리 주무관님이 "안 들어가고 뭐 해요?" 물어보더니 과장 둘이 앉아 있는 테이블 자리만 남아 있는 걸 보고는 말한다.

"아휴 내가 앉을게~. 서기 주무관님이 내 앞에 앉아요. 괜찮죠?"

"전 상관 없어요"라고 말은 했지만 '아, 좀 얌전하게 깨작대야

겠네' 하고 속으로 아쉬워한다.

그렇게 한 과장, 고 과장, 나, 최리 주무관님이 한 테이블에 앉아 같은 부대찌개를 먹게 되었다. 자리에 앉아 아주 대충 통성명을 한다. 한 과장이 먼저 말한다.

"아, 저는 이번에 행정지원과에 발령받은 과장 한의상이고요, 만나서 반갑고, 오늘 다들 식사 맛있게 해요~."

다들 네엡, 하고 숨을 안으로 삼키는 대답을 한다.

8급짜리인 나는 멀건 부대찌개에 불을 올리고, 물컵에 물을 졸졸졸 따라 대령하고 휴지를 착착착착 4장 뽑아 모두의 앞접시 옆에 수저를 세팅한다. 그 연속된 동작들은 한 치의 오차도 없이 아주 기계적으로 학습되어 있다.

어색한 침묵이 흐른다. 그 침묵의 농도가 너무 짙어서 숨이 턱 막힌다. 그때 마침 식당의 텔레비전에서 '압구정 현대아파트 신고가 경신'이라는 뉴스가 흘러나온다. 텔레비전을 올려다보던 한 과장은 침묵을 깨고 질문을 던진다.

"압구정은 왜 압구정일까."

혼잣말인지 질문인지 헷갈려서 나는 눈치만 보고 있다. 그때 한 과장이 자문자답으로 말을 이어간다.

"압구정이 뭐냐. 한명회의 호예요. 압구정 한명회. 다산 정약용처럼."

과장급의 시답지 않은 썰이 시작된다. 오늘의 주제는 '압구정은 왜 압구정일까'이다.

나는 이게 내가 맞혀야 하는 퀴즈가 아닌 것에 안심한다. 나는 압구정이 왜 압구정인지 꿈에도 모르기 때문이다. 그 말을 듣고 있는 고 과장이 팔을 한 번 폈다가 접는데 손목에 명품시계가 차르르 하고 흐른다.

고 과장이 퉁명스럽게 대답한다.

"아 그래요? 몰랐네 그건."

한 과장이 또 다른 질문을 던진다.

"한명회, 그럼 한명회는 또 누구냐."

이번엔 속지 않는다. 이분은 자문자답이 일상인 게 분명하니까.

"수양대군이, 지 조카를 몰아내고. 그… 그 역모를 뭐라 하지? 그거 있잖아, 그거!"

한 과장이 방심하고 있는 나를, 내 눈을 똑바로 보며 정답을 갈구한다.

당황스럽다.

나는 열심히 기억을 뒤진다.

3년 전 공시생으로 돌아간다.

"아… 음… 수양대군. 아! 단종!"

"그래 그래! 단종을 몰아낸 역모를 뭐라고 하잖아. 그거 그거. 뭐지?"

"아… 아아…."

난관에 봉착했다. 이건 정말 모르겠다. 손바닥에서 식은땀이 삐질삐질 나는데, 최리 주무관님이 갑자기 손을 들고 외친다.

"계유정난~!"

한 과장의 얼굴이 밝아진다. 가려운 곳을 긁어낸 얼굴 같다.

"아 그래! 계유정난. 그니까 그~ 한명회가, 단종을 폐위하고 세조를 옹립하는 데 기여한 설계자예요. 삼국지로 따지면 제갈량."

"아아. 그렇군요! 오~!"

나는 '1대 100' 1열에 앉은 방청객급으로 리액션 한다. 한 과장은 나로 인해 자신의 지적 허영심을 채운다. 누가 봐도 과하다 싶은 직원의 리액션을 통해 확인받는다.

그는 우쭐하면서 이야기를 계속 이어간다.

"근데. 그 압구정 한명회라는 위인이 명줄이 굉~장히 길었던 거야."

그러면서 한 과장은 갑자기 손가락을 하나씩 접으며 태정태세문단세… 하고 염불을 외운다.

"태정태세문단세! 예! 성! 까지 살았다고 한명회가. 근데 말이야. 이 냥반이 또 자기의 두 여식을 예종인지 성종인지한테 죄 애~다 시집을 보내고서 노년에 쓸쓸히 혼자 남았네?"

때마침 부대찌개가 팔팔 끓어 오른다. 직원 아주머니가 오셔서 뚜껑을 열어 한번 휘적하시고는 '이제 드셔도 돼요' 하고 뚜껑을 수거해 간다.

펄펄 끓는 부대찌개가 오늘따라 더 먹음직스럽다. 찌개 안에 스팸, 두부, 당면, 떡이 팔팔 끓어오르는 새빨간 국물 속에서 파닥파닥하고 있다. 어서 나를 떠가라며 충동질하고 있다. 코를 침투하는 조미료 냄새에 군침을 꿀꺽 삼킨다. 그래도 우리는 한 과장의 압구정 썰이 끝나기 전까지 숟가락을 들면 안 된다.

최리 주무관님만이 평온한 얼굴을 하고 능숙한 주부의 손길로 부대찌개를 정성스레 뒤적뒤적 한다.

한 과장은 계속 말한다.

"그니까 얼마나 적적했겠냐고 이 노인네가. 그래서! 한강 가에다가 압구정이라는 정자를 세우고 노년에 거기서 노닐었다!, 하여 압구정이 압구정인 거예요."

나는 썰이 끝나자 와아아아, 하며 피날레 박수를 친다.

하지만 박수 소리는 안 난다.

"그니까. 그로부터 600년이 지난 지금에 말이야. 그 압구정 자리가 평당 1억이나 하게 될 줄을 이 한명회라는 냥반이 상상이나 했겠냐~ 이 말이지."

그래도 그동안 들었던 과장들의 썰 중에선 제일 들을 만하다. 나도 어디 가서 써먹을 수 있을 정도의 고퀄리티 썰이다. 나는 진심으로 궁금해서 간만에 질문을 한다.

"와. 진짜 재밌어요. 그러면 압구정에 가면 압구정 정자를 볼 수 있는 거예요?"

질문을 듣던 한 과장이 나를 한심하게 보면서 대답한다.

"정자는 구한말에 홍수로 떠내려가 버리고 없지. 압구정에 정자가 어딨어 차암. 압구정 한 번도 안 가봤어?" 하면서 내게 면박을 준다. 나는 실제로 결혼식을 준비하며 드레스 투어를 할 때 빼고는 압구정을 단 한 번도 가본 적이 없다.

나는 좀 민망해진다. 역시 괜한 말을 얹지 말고 듣기만 했어야 했는데. 후회하면서 시무룩해져서 고개를 떨군다. 최리 주무관님이 그런 나를 보시곤 싱긋 웃는다.

그 사이 부대찌개는 제대로 우러났다. 최리 주무관님은 고개를 밑으로 숙여서 불을 줄이고 자신의 앞접시에 부대찌개를 떠서 한 과장님에게 드린다.

"어머머. 과장님 너어무 박학다식하시네요. 이거 드시고 앞접시 이리로 주셔요."

두 번째로는 고 과장, 세 번째로는 이서기를 주고 마지막으로 자신의 찌개를 뜬다. 그런데 고 과장의 표정이 심상치 않다. 최리 주무관님을 딱 째려본다.

뭔가 심통이 잔뜩 난 것이다. 또 왜. 무엇 때문에 입이 댓 발 나와 있는 것일까.

나는 압구정이 왜 압구정인지는 몰라도 이 퀴즈의 정답은 단번에 알 것 같다.

정답.

찌개를 두 번째로 떠줘서다.

'니가 감히 나를 건너뛰고서 나보다 한참 늦게 들어온 한 과장한테 먼저 찌개를 떠줘?' 하는 표정이다.

나는 일한 지 3년 만에 고 과장의 표정을 말로 번역해낼 수 있는 능력이 생겼다.

청첩장에도 위임 전결 규정을 지독히 따졌던 고 과장은 모든 일의 순서에서 자기가 우두머리가 안 되면 입에 가시가 돋친다.

그리고 그 가시는 지금 최리 주무관님을 노린다. 이때부터 고 과장은 최리 주무관님을 어떻게 씹어먹을까 하는 표정으로 밥

을 먹었다. 하지만 고 과장은 잠자는 사자의 코털을 건드리면
안 됐다.

압구정대첩은 그렇게 시작되었다.

최 리 주무관님은 국물을 떠먹으면서 한 과장님에게 질문한다.

"아니 근데, 어떻게 그렇게 압구정을 잘 아세요~?"

한 과장은 어묵 반찬을 집으면서 말한다.

"아, 제가. 압구정 살아요~."

최 리 주무관님은 숟가락을 탁 놓고 어머머머, 한다.

"어머머. 동네 주민을 만나네 여기서. 저도 압구정 살아요~!
압구정 현대아파트요."

한 과장이 그 말을 듣더니 최 리 주무관님을 보는 눈빛과 표정
이 180도 달라진다.

"아, 그러세요? 좋은 데 사시네. 80억 넘었다면서요. 얼마나 좋
으시겠어~."

"그건 큰 평수고요. 저는 그것보단 작은 평수예요~."

고 과장은 잠자코 듣고 있다가 세모 눈으로 최 리 주무관님을
째려보면서 말한다.

"아니 근데. 겨우 철근 덩어리, 콘크리트 덩어리를 말이야. 1, 2
억도 아니고 말이야. 80억이나 주고 살 일이 있어요? 수지타산

을 맞출 줄 알아야지 사람들이. 하! 거참."

아파트 콘크리트 썰이 최리 주무관님에게 먼저 선빵을 날린다. 이 테이블의 최하위계급인 나는 이 상황의 위태로움을 본능적으로 느낀다. 물컵에 물이 찰랑찰랑 가득 따라져서 금방이라도 넘칠 것 같은 그런 위태로움.

하지만 최리 주무관님은 망설임이 없다. 온화한 얼굴을 바로 벗어던진다. 세모 눈에는 세모 눈으로 곧바로 맞대응한다.

"어머머. 과장님은 그럼 거어기 명품시계에 로고 안 적혀 있음 그 가격 주고 사셨을 거예요? 콘크리트랑 철근에도 따악 압구정! 새겨져 있으면 사람들이 80억 주고 사죠!"

"아니 그러니까! 다 쓰러져가는 걸 뭐하러 80억 주고 사냐고!"

잠자고 있던 사자는 어디선가 알짱대는 불독 한 마리 때문에 잠에서 깨어난다.

"안 쓰러지지이이이! 가봤어요?! 좀 가보고 말씀을 하셔야죠오! 압구정 한복판에 있는 아파트가 왜 쓰러져어! 지금이 쌍팔년도 삼풍백화점 쓰러지던 시댄 줄 아시나! 망상이 심해도 너무 심하시네에! 아이구 딱해라아~!"

찰랑찰랑이던 물컵은 이미 엎질러졌다. 난장판이다.

고 과장은 당황해서 아무 말도 못한다. 이제야 상대의 기세를 파악하려고 이리저리 눈알을 굴리며 최리 주무관님을 관찰하는데 이미 늦었다. 코털이 간질간질한 사자는 이미 시동을 걸었다.

"아아니! 시계는 명품 잘도 찾으면서 아파트는 왜 명품 찾으면 안 되냐구요오! 어디 하던 말씀 계속 해보세요."

고 과장도 그동안 곤조를 부리던 짬으로 그르렁그르렁 해본다.

"시계는 여기 딱 새겨져 있잖아! 그냥 시계랑은 다르지! 콘크리트는 다 똑같은 콘크리트고! 거기 콘크리트는 날 때부터 압구정이라고 새겨져 있나? 어?!"

시동이 걸린 사자는 드디어 사자후를 토한다.

최리 주무관님의 입에서 장풍이 나온다.

"등기부등보오오온! 등기부등본 봐보세요! 700원 내고 열람하시라구욧! 거기 보면 따아악 새겨져 있지~! 공무원은 공문으로 말한다. 몰라요? 과장씩이나 하면서어~ 어? 엊그제 발령받은 신규보다 못하면 어뜨케에~! 아이고, 답답해라!"

난데없이 또 날벼락을 맞은 내 후임은 또 켁켁 대면서 가슴을 콩콩 친다. 최리 주무관님은 그 와중에 후임을 챙긴다.

"아유 아유. 사레들렸어 또? 물 마셔 물. 옳지 옳지." 하면서 바로 옆에 앉은 후임의 등을 쓸어준다. 지금 이 압구정 대첩을 보고 있는 직원 모두의 숟가락은 방향을 잃었다.

고 과장은 모두의 이목이 집중된 지금 더 이상 물러날 곳이 없다. 완전히 궁지에 몰려버렸다. 모서리 귀퉁이에 잔뜩 몰려서 고 과장은 마지막 발악을 한다.

"이거는! 명품값을 하니까! 이게 얼마나 견고하게 만들어진 건지 당신이 알아? 어?!"

최리 주무관님은 기다렸다는 듯이 어퍼컷을 날린다.

"아이고~ 견고. 견고한 걸로 치면은! 서울 한복판에 600년 켜켜이 쌓인 세월만큼 견고할까아?! 그까짓 시계가? 뭐예요. 그거."

최리 주무관님은 인상을 잔뜩 쓰고 고 과장의 시계를 가까이 들여다본다.

"오메가? 아이구~ 롤렉스도 아니고, 좀 더 쓰시지이!"

고 과장은 넋을 잃었다.

그때 못생긴 불독을 확인사살하는 최리 주무관님의 오함마.

"설마. 고거. 짭은 아니죠?"

우리는 모두 얼음이 된다. 얼어붙어서 고갯짓도 못 한다. 나는 그 '짭' 소리에 갑자기 딸꾹질이 나서 딸꾹딸꾹 하는데 고 과장이 그런 나를 잔뜩 째려본다.

고 과장 얼굴이 붉으락푸르락 끓고 있는 찌개처럼 끓어오르더니, 마지막으로 자기가 쏠 수 있는 유일한 총을 최리 주무관님의 머리통에 겨눈다.

"너 뭐야! 어디 팀 몇 급 누구야! 어?"

"나아? 나 2팀 계약직! 무기계약직 아니고 그냥 계약직! 왜요, 왜! 문제 있어요?!"

총이 맞긴 한데 총알이 없다. 허무한 헛총질에 고 과장은 더 우스워졌다. 이 압구정 대첩을 아무 말 못 하고 지켜보던 한 과장은 고 과장의 마지막 총의 불발을 보고서야 정신을 차리고 말린다.

"아아 저기, 고 과장님. 여기서 그러지 마시고. 직원들도 있는데 체통을 좀 지키셔야지…. 내가 괜히 압구정 얘기를 꺼내가지고…. 그러지 마시고 저랑 잠깐 나가세요" 하면서 억지로 고 과장을 데리고 밖으로 나간다.

최리 주무관님은 새침하게 쳇, 하고 머리를 한 번 여성스럽게 넘기고는 다 졸은 부대찌개에 물을 잔뜩 붓고 불을 최대로 키운 다음 국자로 뒤적뒤적한다. 그리고 같이 넋을 놓아버린 옆 테이블 직원들에게 상냥하게 말한다.

"주무관님들, 쾌념치 마시고 식사하세요~."

사자의 명령에 직원들은 일제히 숟가락을 든다.

최리 주무관님이 반찬으로 나온 청포묵 김무침을 내 앞으로 놓는다.

"주무관님, 드셔. 저번에 보니까 묵 잘 먹던데."

나에게 묵을 챙겨주는 건 우리 엄마 다음으로 최리 주무관님이 처음이다. 지금 이 압구정 대첩에서 당당하게 적장의 머리를 베어버리고 승기를 잡은 최리 장군을 보면서 지난 3년간의 내 구차함이 시원하게 씻겨나가는 기분이다.

나는 옆 테이블 직원들의 눈치를 살짝 보다가 오른손으로 입을 반만 가리고 최리 주무관님에 속삭인다.

"주무관님 진짜 짱."

최리 주무관님은 그런 내게 찡긋한다.

최리 주무관님은 강한 자의 무례함은 더 강하게 되돌려주고 약한 자의 움츠림에는 등을 쓸어주는, 상상 속에만 존재하는 유니콘 같은 사람이었다.

낭중지추, 숨길 수 없는 비범함

업무시간 내내 정신이 소란했다.

부대찌개 집에서 고 과장, 최리 주무관님의 혈투를 보고서 생각이 많아졌다. 아주 잠깐은 통쾌했지만 나는 그동안의 내 비굴함을 돌아보게 됐다.

나는 왜 그동안 맞서지 못했는지.

왜 아닌 건 아니라고 말하지 못했는지.

왜 당연하게 바닥에 바짝 엎드려서 땅에 코를 박고 살았는지.

그녀의 여유로움이 부러워지면서 동시에 난 또 작아졌다.

저 여유로움은 도대체 어디서 나오는 것인지.

결국은 압구정 현대아파트에서 나오는 것인지.

내가 압구정 현대아파트를 가질 수 없다면 나는 계속 구차할 수밖에 없는 것인지.

그럼 나는 압구정 현대아파트를 어떻게 하면 가질 수 있을지.

이런 유치한 생각에 빠졌다.

내 집은 6억이고 월급은 200만 원이 안 되며 앞으로도 옴짝달싹 못 하고 이 우물에 갇혀 있어야 할 텐데. 아무리 생각해도 도저히 방법이 없다. 정년까지 일해도, 아니 120살까지 일해도 그곳은 절대 닿을 수 없는 곳일 텐데.

갑자기 목이 말라서 물을 벌컥벌컥 마신다. 우물 밖의 현란한 압구정을 보면서 우물 안 개구리는 너무 갈증이 났다. 가질 수 없는 것에 대한 갈증은 개구리를 말려 죽인다.

업무 중인 최리 주무관님을 슬쩍 본다.

이번 유례없는 상승장의 랜드마크가 된 압구정 현대아파트에 산다는 저분이, 압구정도 아니고 잠실도 아니고 마용성도 아니고 서울과 경기 그 중간에 끼어 있는 서울 구석탱이 구청의 6개월짜리 계약직 자리에 왜 앉아 있는 건지 너무 궁금하다.

나와 눈이 마주친 최리 주무관님은 또 찡끗한다.

나도 어색하게 웃는다.

방금 내가 했던 속물 같은 생각을 주무관님이 알게 될까 두렵다.

최리 주무관님의 자리를 보니 3주 만에 많은 것이 바뀌었다.

지하창고에서 대충 가져온 꼬질꼬질한 플라스틱 테이블은 반짝반짝 광이 나고 어지럽게 뒤엉켜 있던 본체, 듀얼 모니터, 마우스 선은 일렬로 반듯하게 정리돼서 케이블 타이로 딴딴하게 묶여 있다.

고급져 보이는 나무 연필꽂이에 볼펜과 색색의 형광펜이 가지런히 꽂혀 있고, 미니 가습기에서 수증기가 퐁퐁퐁 올라오는데 향긋한 라일락 향기가 난다. 무선 충전기 위에 주무관님의 폰이 가지런히 놓여 충전되고 있고 의자엔 폭신해 보이는 인디핑크색 방석이 깔려 있다. 주무관님의 앞으로 할당된 어지럽게 쌓인 업무도 어느새 가지런히 정돈되어서 책꽂이에 꽂혔다.

들어온 지 꼬박 3주 만에 주무관님의 자리는 사무실에서 가장 화사하고 향기로운 자리로 탈바꿈 되었다. 뿐만 아니라 최리 주무관님은 본인의 업무를 마치고 남은 시간에 내 일과 후임 일까지 도맡아 해주고 있다.

주무관님을 보면서 공시생 시절 외웠던 사자성어 하나를 떠올린다.

낭중지추

주머니 속 송곳은 끝이 뾰족해 밖으로 드러나기 마련이다. 보통의 사회에서 낭중지추라는 말은 '뛰어난 재능을 가진 사람은 반드시 남의 눈에 띄게 된다'는 뜻의 긍정적인 의미로 쓰인다. 하지만 적어도 이 조직에서는 송곳 하나가 주머니를 비집고 나오면 아주 거슬리는 눈엣가시가 된다.

99개의 뭉툭한 보통의 연장들은 1개의 뾰족하고 날렵한 송곳을 절대 좌시하지 않는다. 어떻게든 그 송곳을 지붕 위로 끌고 가 피뢰침으로 세운다. 머지않아 그 반짝이는 송곳은 천둥 번개가 치는 무서운 밤에 벼락을 맞고 비참하게 공중분해 된다.

99개의 뭉툭이들은 그 모습을 보며 환호한다. 그들의 평화로운 호수에 난데없이 돌을 던져 쓸데없는 파동을 만든 공공의 적을 제거한 것에 축배를 든다.

하지만 그럼으로써 기계는 쓸모있는 연장을 하나 잃는다. 이젠 더 이상 구멍을 뚫어야 할 곳에 구멍을 뚫을 수 없다. 99개의 뭉툭한 연장으론 역부족이다.

그렇게 기계는 일을 하지 못하고, 일을 하지 못하는 기계는 녹슬어 버리고, 녹슨 기계는 녹슬지 않은 반짝반짝한 기계로 교체돼서 창고에 처박힌다.

이 모든 과정은 하나의 동사로 요약할 수 있다.

도태되다

끝도 없이 도태되는 알고리즘에 갇힌 이 기계에서 최리 주무관님이라는 송곳이 벼락 맞을 피뢰침이 될지, 아님 연장으로 요긴하게 쓰일지는 두고 볼 일이다.

갑자기 메신저에 대화가 잔뜩 쌓인다. 들어가 보니 온통 압구정 현대아파트 이야기다.

  ─ 야야, 2팀 계약직 압구정 현대 산대. 아니 근데 거기 사는데
    왜 여기까지 와서 계약직을 하냐?
  ─ 사는 게 심심한가 보지.
  ─ 근데 압구정 아줌마 같진 않은데. 도봉산에서 많이 보던 비주
    얼. 가방도 명품 아닌 거 같고 신발도 그냥 운동화.
  ─ 뻥 아니야? 도저히 말이 안 되는데?
  ─ 등기부등본 떼보라고 고 과장한테 소리 질렀다며 ㅋㅋ 그 사
    람네 집 등기부등본부터 먼저 떼봐야 되는 거 아니야?

벼락을 맞고 안 맞고와는 별개로, 드러난 송곳에는 사람들의 이목이 집중되기 마련이다.

주무관님은 그날 이후로 '최리'라는 그 시절에 안 맞도록 세련되고 예쁘장한 이름 대신에 '압구정 현대', '압현', 또는 '압구정 아줌마'로 불렸다.

나는 메신저에 쌓여가는 저급한 뒷담화를 지켜보다 최리 주무관님을 본다.

아무리 사자라도 치와와 100마리가 들러붙어 물어뜯으면 최소한 작은 생채기라도 날 텐데. 최리 주무관님이 걱정된다.

그때 최리 주무관님이 내게 대화를 건다.

> [최리 주무관] 서기 줌관님, 오늘 우리집 가서 육개장 한 그릇 얼큰하게 들고 갈래요? 한우 양지 물에 담가놓고 왔어~.

나는 메시지를 뚫어져라 쳐다보면서 생각한다.

여기서 '우리집'은 압구정 현대아파트다. 연일 매스컴에서 시끄럽게 물고 늘어지는 압구정 현대는 도대체 어떻게 생긴 집일까? 오늘 가면 실제로 볼 수 있는 건가? 하면서 속물 같은 생각만 한다. 최리 주무관님이 나를 위하는 사려 깊은 진심을 알면서도.

최리 주무관님을 압현, 압구정 아줌마라고 부르는, 생각도 없고 인간에 대한 배려라곤 없는 내 동기들과 나라는 인간도 별반 다르지 않구나, 생각하며 스스로에게 또 실망한다.

나는 어두운 얼굴을 하고 무거운 손가락으로 자판을 꾹꾹 눌러 답장을 보낸다.

[이서기] 네 좋아요, 주무관님.

가난한 부모에게서
절대 물려받지 말아야 할 것

업무가 끝나고 주무관님의 그랜저 조수석에 탄다. 차에서 향긋한 라일락 향기가 난다. 조그만 가족사진이 들어 있는 펜던트가 걸려 있는데, 아마도 아이가 셋인 것 같다. 사진이 너무 작아서 가족들의 얼굴은 잘 안 보인다.

주무관님은 시동을 걸면서 말한다.

"한 시간 넘게 걸릴 거예요. 내가 우리 주무관님 멕일라고 마장동에 직접 가서 투뿔 한우 떼어왔자나아~."

"투뿔 한우요? 주무관님, 저 소고기는 먹어봤어도 투뿔 한우는 안 먹어본 것 같아요. 하하."

"어머, 그래? 그럼 오늘 한번 먹어보지 뭐~."

주무관님이 웃다가 내게 질문을 던진다.

"그런데 어떻게 하다 공무원이 됐어요?"

아주 식상한 질문이다. 처음 이 청에 발령받고 모두에게 수도 없이 받았던 질문이다. 나는 항상 초점 없는 눈동자로 바닥을 응시하면서 똑같은 대답을 반복했다.

"어쩌다 보니 그렇게 되었어요."

틀린 말은 아니지만 그 '어쩌다 보니'에는 아주 많은 것들이 함축되어 있다. 현실감 없던 내 어린 시절의 객기. 객기만으로는 깰 수 있는 바위가 이 세상엔 없다는 걸 깨닫는 데까지 걸린 7년의 시간.

그렇게 박살나고 박살나다 더 이상 깨질 것도 없이 가루가 되었을 때에서야 더 작은 알로 기어들어 오게 된 그 구차한 사정들.

한 번도 이것을 풀어서 말하고자 한 적이 없었는데, 더군다나 만난 지 한 달도 안 된 타인에겐 결코 나를 드러낸 적이 없었는데 이상하게도 최리 주무관님의 다정한 말투에 굳게 닫혔던 마음의 빗장이 사르르 풀린다.

"저는 수능도 세 번 보고, 대학교도 한 번 자퇴하고… 또 주제에도 안 맞는 행정고시를 세 번이나 봤어요. 그렇게 고시 낭인으로 늙어 죽을 뻔하다가 나이 서른에 겨우 9급 붙어서 들어왔어요. 남들처럼 6개월, 1년 만에 된 것도 아니고 산전수전 다 겪고…."

내 목소리가 점점 기어들어 간다.

최리 주무관님이 핸들을 잡고 그런 나를 잠깐 보더니 또 빵 터진다.

"아이고오 참. 서기 줌관님은 산전수전이라는 게 무슨 뜻인지 몰라? 따악 보니까 온실 속의 화초처럼 풍파 한 번 안 맞고 자랐구만 뭘. 산전수전이 진짜 뭔지 말해줘요?"

최리 주무관님은 운전하면서 자신이 살아온 얘기를 줄줄줄 말하기 시작한다.

주무관님은 깡촌에서 나고 자랐다고 한다. 중학교까지 의천 동네를 오가면서 어른이 되면 서울 끄트머리라도 꼭 방을 얻어서 독립하겠다고 다짐했다고 한다.

"주무관님, 제주도를 삼다도라고 하지? 왜 삼다도냐면 돌, 바람, 여자가 많아서야. 의천에도 3다가 있거든? 그 3개가 뭐게?"

점심시간 압구정 썰에 이어 퀴즈 지옥에 빠졌다.

그래도 열심히 풀어본다.

"음… 나무요? 아, 시골이니까 논, 밭!"

최리 주무관님은 고개를 절레절레 젓는다.

"아니 아니. 뭐냐면 군인, 노인, 외국인 노동자. 나 어렸을 때는 외국인 노동자는 별로 없었어도 군인은 진짜 많았지. 의천에는 유해시설이 한~개도 없는데도 사람이 밤에 다니기가 무서워요. 나는 젖 떼고 걸어다니기 시작하면서부터 그 험악한 데서 억척스럽게 논일 밭일하면서 자라서 내 자식은 저얼~대 거기서 키우지 않겠다고 다짐했어요."

겨우 중학교를 졸업한 어린 주무관님은 고등학교도 못 가고 뼈가 빠지게 농사일만 하다 월세방 하나 구할 돈만 가까스로 마련해서 꾸역꾸역, 서울의 끝자락 도봉산 근처의 작은 셋방으로 들어왔다고 했다.

핸들을 잡고 있는 주무관님의 손에 눈이 쏠린다. 우리 엄마 손처럼 손가락 마디마디가 굵어졌고 수도 없이 찬물에 넣었다 빼서 겉가죽이 두꺼워진 억척스러워 보이는 손이다.

어찌어찌 서울로 들어왔지만 주무관님이 할 줄 아는 거라곤 밥하고, 빨래하고, 모 심고, 고추 심고, 깨 털고 하는 잡다한 일뿐이었다고 한다.

배움도 짧고 가진 것이라곤 몸뚱이 하나밖에 없는 어린 여자애가 그 당시 할 수 있는 일 중에 그나마 제일 고상한 것은 남의 집에 들어가서 허드렛일을 하는 것이었다.

"그래서 나는 그 도봉동에서 하꼬방(판잣집) 생활을 하다가 월세 낼 돈이 없어서 아는 언니 소개로 성북동 부잣집에 어린 가정부로 들어갔어요. 온갖 허드렛일은 다 하고, 유모 일도 하고 그 집 애 셋은 갓난쟁이일 때부터 내가 다 키웠어요. 어휴, 지금 생각해 보면 정말 멍청한 게, 나는 날 때부터 남의 땅 부쳐 먹고 사는 소작농이나 가정부밖에 못 되는 줄 알았어. 날 때부터 그렇게 이마에 낙인 찍고 나와서, 저얼~대 내가 그 집 우아한 마나님처럼은 못 되는 줄 알았다고. 제 손으로 제 자식 똥 기저귀 하나 못 갈아주는 그런 사람 말이야."

"아…."

나는 주무관님의 드라마 같은 인생 이야기에 점점 빠져든다.

"아니 그래서. 내가 그 성북동 집에 한 8년 있었나."

신호에 걸려 잠시 멈춰선 차창 너머 건물의 전광판을 지그시 바라보며 말하는 주무관님의 표정이 아득해진다.

훗날 성북동 부잣집은 가세가 급격히 기울었고, 주무관님은 가방 하나만 손에 든 채 가차 없이 내쫓겼다고 한다. 그 부잣집에 청춘을 몽땅 바쳐버린 최리 주무관님은 사는 게 정말 막막했다고 했다.

"그땐 진짜 농약 먹고 콱 죽고 싶은 심정이었지. 근데 나도 참

바보 같았어. 그 부잣집에서 내 인생 책임져 줄 것도 아니었는데 너무 순진했어. 겨우 100평짜리 저택이 내 세상 전부였으니까."

그렇게 하루아침에 길바닥 부랑자가 된 주무관님은 갈 곳이 없었다. 그래서 숙식을 제공한다는 봉제 공장에 서둘러 취직했다. 그리고 공장에서 아침 10시에서 저녁 10시까지 일을 해서 악착같이 돈을 모았다고 한다.

"아유. 그때 그 봉제 공장이, 도봉구 방학동 어느 지하에 있었는데, 그렇게 하루 종일 먼짓밥을 먹다 보면 상쾌한 공기가 정말 간절해져요. 그래서 새벽에 도봉산에 가서 숨 좀 쉬고 오곤 했지. 근데 도봉산 역전에서 새벽마다 가끔 어느 아줌마가 김밥을 싸다 파는데, 지인짜 불티나게 팔려버리는 거야."

주무관님의 말씀에 따르면 도봉산역은 출근하는 직장인이 많아 유동인구가 많다. 경기 북부에서 서울로 가는 직장인, 서울에서 경기 북부로 가는 직장인들이 교차하는 지점이다.

그리고 주말만 되면 어디선가 모여드는 등산객들로 역전에서부터 도봉산 등산로 입구까지 발 디딜 틈도 없이 붐볐다고 한다.

"우리나라가 배달의 민족이고, 또 무슨 민족인지 알아요?"

난 이번엔 행간을 단숨에 읽어냈다. 언제부터인가 매일 싸구려 등산복만 사서 입는 나의 엄마 아빠가 떠오른다.

"등산의 민족이요!"

주무관님은 끄덕이며 긍정의 미소를 짓는다.

주무관님은 그곳이라면 평일에는 직장인을 대상으로, 주말에는 등산객을 대상으로 안정적으로 장사할 수 있겠다고 생각했다고 한다.

"그래서 이거다, 했어요. 나도 김밥 하나는 끝내주게 마는데. 내가 성북동 허드렛일 할 때 그 집 자식들 김밥을 노상 싸줬는데. 그래서 봉제 공장 젊은 사장님한테 부탁을 했어요. 숙소 부엌을 새벽에만 쓰면 안 되겠냐고. 그것만 허락해 주면 숙소 직원들 아침밥을 내가 하겠다고. 보수도 안 받겠다고. 내가 손맛이 아주 끝내주거든. 알지이~?"

그동안 공짜로 얻어먹었던 주무관님의 반찬들을 생각하면 군침이 추룹 나온다. 나는 주무관님의 이야기를 들으면서 고개를 격하게 끄덕끄덕한다.

그래서 주무관님은, 매일 새벽 3시 30분이면 일어나서 밥을 고슬고슬하게 안치고, 전날 밤 대충 손질해 놓은 당근, 오이나 시금치, 햄, 게맛살에 맛소금을 쳐서 달달 볶고, 계란 지단을 노릇노릇 부쳐서 길쭉하게 자르고, 참기름과 소금으로 간을 한 김이 모락모락 나는 고소한 밥을 김에 펴 발라 재료들을 넣고 정성스레 꾹꾹 눌러 말아서, 하나하나 윤기나게 기름칠 하고 꼬순 참깨를 뿌려 예쁘게 딱딱딱 자르고 알루미늄포일에 딴딴하게 싸서 하얀색 아이스박스에 차곡차곡 담았다.

그러고서 숙식하는 직원들 밥과 국, 반찬을 서둘러 해놓고 그 아이스박스를 도봉산역까지 이고 지고 가서, 노상에다 자리를 잡고 김밥을 한 줄에 1000원 받고 팔았다.

"아니 근데 김밥이 팔리기는 아주 잘 팔리는데, 돈이 잘 안 돼. 들어가는 품에 비해서는. 그래서 과일을 갈아서 과일 주스를 팔아보자 했는데 길바닥에서 하는 장사라 믹서기를 꽂을 데가 없는 거예요. 그래서 역전에 있는 노점 가판대에서 토스트 파는 언니한테 빌고 빌었어. 나 한 번만 살려주라고. 꼭 갚겠다고. 그래서 겨우 전기를 끌어왔어요. 거기에다 믹서를 꽂아서 토마토, 바나나, 오렌지, 딸기 같은 걸 갈아서 생과일주스를 김밥에 끼워 팔았는데 역시 장사는 물장사야. 그때부터 돈이 떼로 들어오더라고."

나는 카페에서 사 먹던 생과일주스를 떠올린다. 어느 카페를 가나 생과일주스는 생과일이 들어갔다는 이유로 5000원, 6000원이 넘는다.

"아 근데 주무관님, 생과일주스는 제가 예전에 일하던 카페에서도 제일 비쌌어요. 과일이 비싸니까 원가도 비싸지 않아요?"

"그거느은~~ 생채기 하나 안 나고 예쁘게 생긴 과일 말이지. 누가 갈아 먹는데 그런 과일을 써~. 가락동 과일 도매시장 사장님들이랑 얼굴 좀 터서, 주말마다 가서 김밥 좀 챙겨드리고 아양 좀 떨면 어디 깨지고, 물러지고, 못생겨서 상품성 떨어지는 과일들을 헐값에 떼올 수가 있다고. 못 먹는 부분 싸악 도려내서 갈아 팔면 아무도 몰라, 호호. 그래도 나는 달마다 맛 제대로 든 제철 과일만 써서 설탕은 별로 안 썼어. 우리 손님들 건강 생각해서. 홍홍"

그렇게 주무관님은 새벽 3시 30분부터 9시까지 김밥과 생과일 주스를 팔고, 10시부터 10시까지 봉제 공장 일을 하면서 수년 동안 몸이 부서져라 일해서 억척스럽게 돈을 모았다. 그리고 그렇게 고된 노동으로 모은 돈으로 그때 즈음 불었던 땅 투자 바람에 동참하게 되었다고 한다.

"내가 그때 안 사본 땅이 없어요. 산골짜기 땅, 해변가 맹지도 사보고, 시골 논밭, 과수원 땅도 사보고."

주무관님은 김밥과 과일 주스를 판 돈, 봉제 공장에서 콜록콜록 대며 미싱을 돌려 번 돈으로 땅을 한 평, 두 평 사 모으면서 어릴 적 그 깡촌, 의천에서 남의 땅을 소작해 근근이 먹고 살던 자신의 부모가 더 원망스러워졌다고 한다.

지주가 되는 게 맘만 먹으면 이렇게 쉬운데, 그러면 적어도 한

해 벌어 한 해 겨우 벌어먹고 살고, 보릿고개 넘어가며 배곯지 않아도 됐는데. 왜 그렇게 멍청이처럼 그 자리에 머물러 스스로 노예처럼 살아서 자식인 나에게도 그 노예 근성을 그대로 물려주었는지 징그럽도록 원망스러웠다고 한다.

"그러니까아. 내가 그 노예 근성에 갇혀서 성북동 그 부잣집에서 8년을 멍청이처럼 살았잖아요. 누가 그러라고 떠민 것도 아닌데 스스로 노예가 된 거라고. 가난한 부모는 가난한 게 문제가 아니에요. 끔찍한 건 가난이 대물림되는 게 아니에요. 진짜 끔찍한 건 가난한 부모의 노예 근성이 대물림되는 거지."

"노예 근성⋯."

나는 중얼거린다.

"그래요. 노예 근성. 평생 남의 땅, 남의 집 소작해 먹고 아무 발전도 없이 살라는 루저 마인드 말이야. 루저 마인드는 보통 현실에 안주하기를 달콤하게 속삭여요. 노예 상태도 나름 괜찮다고. 이 정도면 참을 만하다고. 살 만하다고. 그러므로 내 인생, 내 아이들의 인생에도 큰 문제는 없다고. 이렇게 문제를 문제 삼지 않는 안일함, 그것이 가난한 부모의 진짜 문제예요."

주무관님의 말을 들으면서 그동안 매너리즘에 빠졌던 나를 생각한다. 아무 노력을 하지 않았어도 저절로 앉게 된 이 8급 자리. 승진 대상 공문을 확인하고 느꼈던 그 미묘한 감정. 이래도 되나, 나는 자격이 있나 하며 나를 점검했던 시간은 단 5분.

그 외의 모든 시간엔 난 이 마약 같은 안정감에 지독하게 중독되었다. 타성에 젖어 하루하루 시간을 죽이던 우물 안 개구리. 아니, 내가 만든 감옥에 갇힌 '무늬만 인간'.

'무늬만 인간'은 생각하지 않는다. 5분의 치열한 연구를 하는 것보다 50분의 단순노동을 원한다.

인간은 생각하므로 존재한다고 했다.

그렇다면 나는 존재하지 않는다. 난 더 이상 생각하지 않기 때문에. 아니, 생각하기를 거부하고 있기 때문에.

나는 꼬리에 꼬리를 무는 생각을 하면서 백미러 속 내 얼굴에 드리워진 루저 마인드를 확인한다.

그때 주무관님이 좌회전 깜빡이를 똑딱똑딱 켜면서 말한다.

"주무관님, 혹시 그거 알아요?"

평생 하늘을 못 보는 개돼지

"돼지는 목덜미에 살이 잔뜩 쪄서 고개를 위로 못 들어요. 하늘이라곤 감히 쳐다볼 수가 없어. 평생을 땅에 흩뿌려진 음식물 쓰레기만 게걸스레 먹고 살만 피둥피둥 찌는 거야. 쓰레기 땅바닥이 이 세상 전부인 줄 알고 살다 도축장으로 끌려간다고. 평생토록 새파란 하늘 한 번 못 보고 말이야. 개돼지라는 말 들어봤지? 그게 그냥 나온 말이 아니에요."

"아, 개돼지."

난 주무관님의 많고 많은 지식에 감탄한다.

"주무관님 근데 어떻게 그렇게 돼지를 잘 아세요?"

"응, 내가 돼지농장에서도 가아끔 일용직으로 일하고 그랬어. 내가 살던 깡촌에 돼지농장이 많아. 보수가 되게 쎈데, 일할 사람이 맨날 모자라. 그래서 급하게 돈 필요할 때는 마음 딱! 가다듬고 짐가방 싸악~ 싸서 돼지농장에 한두 달 들어가. 가서 돼지랑 뒹굴다시피 같이 사는 거예요. 돼지 밥 주고 똥 치우고. 그래서 내가 돼지들 생리를 잘 알지."

주무관님의 통찰력은 모두 그녀의 고된 경험 자산으로부터 나온다.

"아하하하 그니까아. 아마 주무관님 어릴 때일 텐데, 개돼지란 말이 첨 나온 게. 어느 고위 공직자가 '민중의 99퍼센트는 개돼지라서 먹고 살게만 해주면 된다'라고 망언한 걸 기자가 몰래 녹음해서 뿌린 거잖아. 나는 그 뉴스 보면서 생각했지. 아이고. 저 냥반도 돼지농장 출신인가?"

나는 주무관님의 입에서 쏟아져 나오는 풍자와 해학에 정신을 못 차린다.

주무관님은 읊조리는 말투로 계속 말씀하신다.

"아니, 그런데 종종 개돼지가 되겠다고 자처하는 사람들이 있긴 해요."

"그런 사람도 있어요?"

"그럼. 있지. 나한테 전기 꾸어준 토스트 파는 언니. 그 언니한테 내가 은혜 좀 갚으려고 했거든. 그때 물색해 놨던 좋은 땅 하나가 있어서 내가 사고 싶은 거 꾹 참고서 언니한테 사라고, 돈 모아놓은 거 좀 있다고 하지 않았냐, 얼른 사라고 했는데 1초도 망설임이 없더라고."

"망설이면 안 되죠. 당연히 사야죠!"

나는 차를 탄 지 40분 만에 최리 교주의 신도가 되었다.

"아니. 망설임 없이 딱 잘라 거절하더란 말이야."

"네? 왜요?"

"글쎄 그 언니가 서울 어디 임대아파트에 살았는데, 토지나 부동산이 있으면 강제 퇴거 대상자가 돼서 안 된대. 집에서 쫓겨날 일 있냐고 나한테 되려 화를 내더라니까?"

순간 세금이 무서워 집을 못 샀다는 민지 언니의 샤넬 귀걸이가 떠오른다.

"그리고 그 언니는 저축도 안 해. 금융자산이 좀이라도 높게 잡히면 그것도 퇴거 요건이 되거든. 어렸던 나한테 100평 저택이 온 세상이었던 것처럼 그 언니한테도 임대아파트 한 칸이 세상 전부였던 거지. 나는 그 언니를 보면서 다시 한번 다짐했어. 저렇게 사느니 차라리 죽어버리겠다고."

"네…."

"지켜보면서도 차암 안타까운 게… 더울 땐 땀 삐질 거리면서, 추울 땐 손 얼어가면서 1500원짜리 토스트 판 돈 푼푼이 모아가지구 꼭 싸구려 가방, 옷, 반지, 귀걸이, 목걸이를 사. 그 언니는 지금도 어디선가 그러고 살고 있을 거야."

나는 어디선가 뿅 하고 나타난 이 귀인의 말 한마디 한마디를
꾹꾹 눌러 새긴다.
"아이고, 또 말이 고랑으로 빠져버렸네. 아줌마들은 다 이래~.
내가 어디까지 얘기했지?"
"산골짜기랑 바닷가랑 과수원 땅 산 얘기요!"
"어어! 그래 그래. 근데 그 땅 중에서. 글쎄 과수원 땅에~ 과수
워언 따앙…."
차의 속도가 줄어드는 만큼 주무관님의 말 속도도 덩달아 줄
어든다. 주무관님은 열심히 두리번두리번한다.
"아아아휴. 정신없이 수다 떨다 보니까 벌써 도착해 버렸네.
우리집 가서 밥 먹으면서 얘기할까? 배고프죠?"
주무관님의 인생 이야기를 넋 놓고 듣고 있다가 도착이라는
소리에 창밖을 본다. 전설로만 듣던 압구정 현대아파트가 지
금 내 눈앞에 있다.
주무관님은 차에서 내린 후 트렁크를 열어 무엇인가를 주섬주
섬 정리한다. 나는 조수석 문 옆에 그대로 서서 이 풍경을 둘
러본다.
강남 평당 1억 시대의 문을 활짝 연 그 상징적 존재.

압구정 현대아파트.

상상했던 궁궐 같은 모습과는 좀 다르다. 오래되었지만 관리가 잘된 아파트의 외관, 동수를 알리는 친근한 표지판, 그리고 아파트와 하나처럼 어우러져 있는 높고, 웅장하고, 풍성한 고목들. 아파트를 둘러보다 하늘을 보는데 고목들의 풍성한 나뭇잎들이 살랑살랑 바람에 흔들리며 파아란 압구정 하늘과 맞닿아 있다.

부대찌개 집에서 최리 주무관님이 말했던 '600년 켜켜이 쌓인 서울의 세월'이 저 드넓은 고목들의 나이테에 고스란히 새겨져 있을 것만 같다.

나는 얼마 전 출장 갔던 신도시의 아파트들을 떠올린다.

35층은 훌쩍 넘어 보이는 높은 새 아파트, 아직 페인트가 완전히 마른 것 같지 않은 머리가 띵한 화학물질 냄새, 자로 재어 깎은 듯이 다듬어놓은 나보다 키가 작은 난쟁이 나무들, 거대한 게이트형 문주에 큼지막하게 적어놓은 아파트 브랜드명과 바닥에 심어진 현란한 매입 조명에서 쏘아올리는 불빛들, 외부인이라면 감히 들어오는 것을 허락하지 않는 배타적인 아파트의 정문.

하지만 압구정 현대는 아파트보다 나무가 더 키가 크다. 나무가 있는 김에 아파트가 존재하는 그런 느낌이 든다. 고목들에서 뿜어져 나오는 피톤치드에 코가 시원하다.

현란한 조명이 없어도 절대 허전하지 않으며, 서울의 중심에 있는 이 아파트는 서울 시민들에게 배타적이지 않다. 언제든 생각나면 나를 보고 가라고, 이 고목들이 만든 너른 그늘에서 잠시 쉬어가도 좋다고 여유롭고 고즈넉한 아우라를 풍긴다.

그렇게 큰 나무에 매달려 살랑살랑 춤추는 이파리를 멍하게 보며 넋을 놓고 있는데, 주무관님이 트렁크를 닫는다.

"휴우, 다 정리했다. 이제 올라갈까요?"

정신을 차리고 아쉬운 듯 아파트를 다시 한번 둘러본다. 현우의 부동산 임장 블로그에 압구정 현대아파트를 포스팅할 수 있도록 사진을 찍어가겠다고 결심했는데, 나는 지금 정신을 놓고 있다.

이제라도 정신을 차리고 이 아파트의 모습을 한 번이라도 더 눈에 담으려고 열심히 눈을 꿈뻑꿈뻑 하면서 주무관님 뒤꽁무니를 총총총 따라간다. 주무관님은 가는 내내 아파트에 대한 흥미로운 이야기를 꺼내놓는다.

"압구정은 풍수지리적으로 돈이 붙는 땅이에요. 한 과장님이 말씀하신 것처럼 한명회라는 양반이 희대의 간신이긴 해도 영의정까지 지낸 양반인데 아무 데나 정자를 짓진 않았을 것 아니야."

"풍수지리!"

"요즘 젊은 사람들한테 풍수지리 같은 얘기하면 안 되는데~."

"어어, 아니에요, 주무관님. 저 너무 재밌어요. 사실 아까 한 과장님 얘기도 너무 좋았어요."

"그래요? 사실 나느은~ 땅 사러 다니는 사람이라 풍수지리 공부를 좀 많이 했지. 풍수지리에서 재물을 뜻하는 게 물이거든. 지도를 보면 한강이 S자로 굽어 흐르는데, 강 쪽으로 툭 튀어나온 돌출된 땅에 이 아파트를 지었어요. 한강이 이 아파트를 감싸고 흐르는 형국이지. 그러니까 모든 지기와 부의 기운이 집결된 땅이에요."

"지기…."

"응. 땅의 기운. 지기."

나는 방금 본 고목들을 떠올린다. 땅의 기운을 받고 자라서 그렇게 하늘과 닿을 만큼 굳건한 고목이 되었구나. 나는 벌써 최리 선생님의 풍수지리학 수강생이 된다.

"재물운이 엄청 붙는다고 해서 이 아파트로 일부러 들어오시는 사장님들 많이 봤어요. 나도 누구보다 돈에 진심인 사람이라 여기 꼭 들어오고 싶었어요. 사실상 우리 아저씨 사업도 여기로 들어오고 나서 많이 확장했고."

나는 부동산이란 것은 경제학, 문화인류학도 모자라 이제는 땅의 기운까지 감지해내야 하는 복잡스러운 분야구나, 하고 감탄한다.

이야기를 나누다 보니 어느새 문 앞에 도착했다. 보통의 현관 문처럼 번호키를 틱틱틱틱 누르고 드디어 주무관님의 집으로 들어간다.

주무관님은 들어오자마자 분주하게 뛰어간다.

"아이구, 고기 핏물 좀 제대로 빠졌나아~. 서기 줌관님 집 구경 좀 하고 있어요~ 뭐 볼 건 없지만."

주무관님은 거실에 있는 고풍스러운 짙은 갈색 가죽 소파에 가벼워 보이는 에코백을 아무렇게나 던져놓고, 부엌으로 부리나케 달려간다. 나도 주무관님의 에코백 옆에 나의 에코백을 나란히 놓는다.

주무관님의 집에 들어갔을 때 가장 눈에 띄는 것은 한쪽 벽을 크게 차지한 가족사진이다. 지금보다 젊어 보이는 주무관님, 인자한 표정에 사람 좋아 보이는 남편분, 쌍둥이처럼 닮은 개구진 표정의 두 아들, 그리고 주무관님과 남편분의 가운데 앉아 똘망똘망하게 웃고 있는 여자 아이가 있다.

가족사진 옆에는 여자아이의 사진들이 마스킹 테이프로 덕지

덕지 붙어 있다. 노란 병아리 같은 유치원 시절, 병원놀이나 소꿉장난하는 사진, 놀이공원에 놀러 가서 아이스크림을 먹고 있는 사진, 계곡에서 물장구치는 사진 등 여자아이의 어릴 적 추억이 담긴 사진들이 보인다. 그리고 귀여운 뿔테안경을 쓴 초등학교 증명사진, 단발머리 중학교 증명사진도 붙어 있다. 제일 밑에는 검은 머리가 아주 길어진, 뿔테안경을 벗고 어른이 된 여자아이의 사진이 붙어 있다.

그 마지막 사진에 눈이 쏠린다. 그리고 사진 옆 벽에 걸린 거울에 비친 내 얼굴을 본다. 사진과 거울 속 내 얼굴을 번갈아 가며 본다.

그때 주무관님이 베란다에 심어놓은 대파를 꺾으러 가면서 사진을 구경하는 나를 본다.

"거기는 우리 딸램 사진이야. 우리 예리. 서기 주무관님이랑 많이 닮았지?"

정말 그렇다.

사진 속 어른이 된 주무관님의 따님은 어딘가 모르게 나와 닮았다.

넌 엄마처럼 살지 마

입은 웃고 있지만 눈은 좀 슬퍼 보이는, 어딘가 그늘이 져 보이는 예리의 얼굴.

나는 그 사진에 한참 시선을 빼앗겼다가, 부엌에서 들려오는 탁탁탁탁 도마 소리에 정신을 차리고 눈치껏 화장실을 찾아가 손을 깨끗이 씻고 나온다. 그러고서 부엌으로 들어가 분주한 주무관님 근처에서 어색하게 쭈뼛쭈뼛 서성인다.

"제가 뭐 좀 도와 드릴까요?"

주무관님은 그런 나를 보며 싱긋 웃더니 물에 한 번 씻어 채에 밭친 숙주나물을 한 바구니 건넨다.

"혼자 가만히 앉아 있는 것도 힘드니까 이거 나물 끄트머리 상한 것만 다듬어줘요. 요기 식탁에 편하게 앉아서."

최리 주무관님은 숙주나물을 하나 둘 집어 능숙한 손길로 똑똑 따는 시범을 보이고는 내 가슴팍에 바구니를 안겨준다. 나는 그 바구니를 소중하게 안고 총총총 식탁으로 와 숙주나물을 하나하나 정성스레 다듬는다. 나는 내가 제일 궁금했던 질문을 주무관님께 제일 먼저 묻는다.

"그런데 압구정에 사시면서 왜 서울 끝자락까지 굳이 오셔서, 그것도 6개월짜리 계약직을 하시는 거예요?"

주무관님은 핏물이 빠져 조금 하얘진 한우 고깃덩이를 석석 자르며 대답한다.

"아아니, 그게 다들 그렇게도 궁금한가? 면접 보러 갔을 때 조철민 주무관님이 제일 먼저 물으시던 거랑 똑같은 질문을 하네에?"

"사실 다들 궁금해 해요. 심심해서 그러시나, 하는 사람도 있고…."

아까 단톡방에서 나왔던 그 입에 담지 못할 뒷담화를 떠올리다가 입을 굳게 닫는다.

"어머머머, 심심해서?! 에이. 그건 말도 안 되구. 하기는… 나이가 오십이 훌쩍 넘고 더 이상 이룰 것도 없는 사람이긴 한데, 심심해서는 아니에요."

그러다 잠시 말이 끊긴다.

주무관님은 나를 등지고서 파를 꺼내 탁탁탁 썰고 계시는데, 굳이 얼굴을 보지 않아도 왠지 모를 무거운 분위기가 주무관님의 그늘을 말해주고 있다.

"서기 주무관님이 몇 년생이지?"

"91년생이에요."

"우리 예리가 96년생이니까, 딱 5살 차이 나네요. 우리 딸이 5년 후에 서기 주무관님 같은 모습이려나" 하면서 잠깐 뒤를 돌아 나를 봤다가 다시 칼질에 집중한다.

"내가 95년도에 우리 아저씨랑 결혼하고 지금 서기 주무관님 일하는 그 동네 방 한 칸에 신접살림을 차렸어요. 그리고 그 다음 해에 우리 예리 낳고, 그 시청에다 우리 예리 출생신고를 했어요."

"아."

"그래서 내가 조 주무관님께도 그렇게 얘기했어. 내 첫째 딸 낳고 기른 이 동네에서 훌륭한 공직자분들이랑 일 한번 해보고 싶다고. 태어난 지 두 달 된 우리 아가 데리고 와서 출생신고서에 지장 찍고, 우리 아저씨랑 마주 보면서 행복해 했던 그때 그 장소에서. 나는 저얼대 빚지고 못사는 성격이라고. 우리 예리 이쁘게 키우게 도와준 여기 훌륭한 공무원 선생님들하고 일할 수 있는 기회를 주시면, 내가 꼭 받은 만큼 돌려드리겠다고. 그렇게 간곡히 부탁드렸어요."

나는 주무관님의 말버릇을 캐치했다.

빚지고는 못 산다.

은혜는 꼭 갚는다.

받은 만큼 돌려준다.

이 말버릇은 곧 주무관님의 '정공법'과 일맥상통한다. 그런데 출생신고를 해준 게 공무원에게 진 빚은 아닐 텐데. 이 이야기는 그동안 보여주신 정공법과는 거리가 멀다.

압구정에서 한 시간 반 걸리는 이곳에 들어온 다른 이유가 분명히 있는 것 같다. 말은 빚지곤 못 산다, 받은 만큼 돌려준다고 하지만 주무관님은 지금 분명 나를 등지고 있다. 평소처럼 눈을 보며 대응하지 않는다.

지금 주무관님이 한 말은 드러내고 싶지 않은 것을 숨기고자하는 방어기제 같다. 그리고 숨기려고 하는 것은 아무래도 나와 매우 닮은 주무관님의 첫째 딸과 관련이 있어 보인다.

주무관님은 길쭉길쭉하게 썰어낸 한우와, 같은 크기로 썰어낸 수북한 대파를 세숫대야 만한 냄비를 꺼내서 고추기름으로 달달 볶으신다.

매운내가 부엌에 화악 퍼진다.

"아이구~ 맵다. 올해 태양초가 아아주 지대로다! 우리 딸램이
이 한우 양지 듬뿍 넣은 파 육개장을 참 좋아했어요."
나는 숙주 꼬리를 똑똑 따면서 맞장구를 친다.
"그럼 오늘 따님도 맛있는 육개장 드시겠네요. 하하."
주무관님은 잠시 말이 없더니 조금 다운된 목소리로 말한다.
"우리 딸은… 안 와요. 우리 예리는 6년 전에 유학 갔어요. 두
달 전에 들어오기로 했는데, 안 들어온대요. 죽어도 안 오겠대.
한국이 싫대요."
"한국이 싫다고요? 왜요?"
주무관님은 불을 줄이고 개수대에 걸려 있는 수건에 손을 꾹
꾹 닦으며 혼잣말하듯 말한다.
"한국이 싫은 게 아니고, 이 애미가 싫은 걸 거야. 아주 지긋지
긋하도록."
순간 주무관님의 얼굴에 비치는 모성애가 보인다. 죄책감의
모습을 한 모성애다. 엄마가 내 흉터를 볼 때마다 서둘러 회피
하는 시선과 슬기가 예준이의 사고를 이야기하며 두 손으로
얼굴을 감싸는 그 모습과 아주 흡사한.
주무관님은 냄비에 물을 가득 붓고 뚜껑을 탁 덮고선 나와 마
주 앉아 숙주를 같이 다듬는다.
"내가 아주 지독한 애미라서. 나 때문에 안 오는 거예요" 하면

서 숨기고 싶었던 첫째 딸 이야기를 담담하게 시작한다.

주무관님은 의천에서부터 나의 자식은 절대 나처럼 키우지 않겠다고 다짐했다. 그래서 예리가 아장아장 걷고, 말을 하기 시작할 때부터 벌써 마음이 조급해졌다.

이후에 쌍둥이 아들도 낳고 남편 사업도 나쁘지 않게 돼서 무리해서 압구정으로 들어가기로 했다. 내 아이는 무조건 강남 8학군에서 제일 가는 교육을 시키겠다고 굳게 마음을 먹었다고.

"나는⋯ 못 배웠어요. 아버지가 여자가 무슨 학교를 다니냐고 하도 구박을 해서 중학교도 겨우겨우 졸업했어. 그때는 그런 시절이었어요. 내가 못 배운 한이 너무 커서 내 자식만큼은 세상에서 제일가는 똑쟁이로 기르고 싶었지."

압구정으로 옮겼을 땐 예리가 7살 되던 해였는데, 예리가 잘 적응하지 못했다고 한다. 뱃속 태아였을 때부터 이미 압구정 키즈였던 아이들과는 수준 차이가 날 수밖에 없었고, 주무관님도 그것을 알고 있었지만 애써 모른 척했다고.

"그래서 그 당시 제일 좋고 제일 비싼 학원이랑 과외를 수소문해서 아침 7시부터 밤 11시까지 붙였어요. 그 7살 어린애한테."

어린 예리는 엄마가 좋아하는 일이라면 뭐든지 열심히 했다. 한창 나가서 뛰어놀아야 할 나이에 이 학원에서 저 학원으로 쉬는 시간도 없이 불려 다니고, 집에 오면 또 영어 선생님, 수학 선생님, 국어 선생님이 지친 예리를 기다리고 있었다고 한다.

"그러다 예리 초등학교 입학식에 갔는데 우리 예리가 꼭… 하얀 백조들 사이에 끼어 있는 미운 오리 새끼 같더라고."

나는 간단한 리액션도 할 수가 없다. 입을 닫고 숙주나물만 만지작거리고 있다.

주무관님은 공부야 어떻게든 제일 비싼 것, 제일 좋은 것으로 시키고 또 시키면 따라잡을 수 있다고 생각했다. 그들이 입는 옷, 신발, 가방도 열심히 눈치껏 파악해서 제일 비싼 것으로 사서 입혔다고 한다.

하지만 그들의 표정, 자세, 걸음걸이, 말투, 억양, 분위기. 식습관, 취향, 고상한 취미들까지 그들이 이미 체득하고 있는 그들만의 문화 자본은 도대체 어디서 얼마 주고 살 수 있는 것인지 도저히 찾을 수가 없었다고 한다.

"나는 예리가 힘들어 하는 걸 알고 있었어요. 매일 학교 갔다 오면 잔뜩 주눅들어 있었으니까. 그때 내가 우리 애를 따뜻하게 안아줬어야 했는데 난 그러지를 못했어요. 그렇게 움츠러

들어 있는 모습이 보기 싫어서 더… 더… 모질게 굴었어. 예리가 움츠러들어 있으면 나는 가슴에서 열불 천불이 났어요. 꼭 예전의 내가 떠올라서. 죽어라 논일 밭일해도 맨날 욕만 얻어먹고, 남동생들 학교 보내야 되니까 너는 그저 소처럼 일이나 하라고 구박받던 설움 덩어리였던 그때의 내가. 아니라고, 싫다고 말도 못 하고 더 움츠러들었던 내가 눈에 아른아른해서 기죽어 있는 예리한테 더 모질었다고.″

예리는 주무관님의 분신이었다.

슬기는 작은 슬기를 낳았고,

아빠는 자기와 꼭 닮은 나를 낳았고,

주무관님은 절대 물려주고 싶지 않았지만 움츠러드는 모습까지 쏙 빼닮은 자신의 분신, 예리를 낳았다.

주무관님은 한 템포 쉬고 다시 말을 이어간다.

″그래도 난 우리 예리는 이것들을 이겨내고 돌파하면서, 잘할 거라고 믿었어. 왜냐면, 내 딸이니까. 다른 사람도 아니고, 내 딸.″

그런 환경 속에서 주무관님의 딸 예리는 씩씩하게 초등학교를 졸업했다고 한다. 주무관님은 그런 내 자식이 너무나 자랑스러웠다고 한다. 역시 내 딸이 잘 해낼 줄 알았다, 속으로 기뻐

했다고 한다.

그런데 진짜 문제는 예리가 중학교에 들어가서부터였다.

"나는 무작정 압구정이 좋은 줄 알고 거기 들어갔는데, 사실 압구정 아이들 열에 일곱은 태생부터 보딩 스쿨 입학이 목적 이더라고요. 그래서 예리가 어찌어찌 마음 주고 정준 친구들 이 하나도 안 남고 중학교 때 전부 유학을 가버렸어요."

"네…."

그래서 예리도 마음이 허전했는지 자기도 보내주면 안 되냐고 그러더라고. 그런데 나는 내 새끼 유학 보낼 맘은 추호도 없었 어요. 친구들이랑 스키 타러 가겠다고 하루만 집에 없어도 보 고 싶어서 애가 닳는데, 그 멀리 타지에 혼자 보내? 절대 그럴 수가 없었지…."

주무관님은 이미 손질이 다 끝나고도 남은 숙주를 만지작만지 작한다.

"그때부터였나. 예리가 좀 변해갔던 게. 아침에 밥 먹을 때 보 면 눈동자가 텅 비어 있고, 말수도 줄어들고, 도통 웃지를 않 고. 근데 내가 그때 우리 애들을 챙길 여유가 없었어요. 내가 팔자에 일복이 붙는지 어쩐 건지 몸이 열 개라도 부족했어요. 이젠 좀 살 만하다, 형편이 폈다, 했는데도 하루에 잠을 5시간

이상 잔 적도 없어요."

그렇게 집을 비는 시간이 많아진 주무관님은 첫째 딸 예리에게 많이 의지했다고 했다.

"내가 의지할 데가 우리 예리밖에 없더라구요. 내가 자식 낳아서 길러보니까 자식이 부모를 의지하고 사는 게 아니라 부모가 자식을 의지하고 사는 거더라구. 우리 아저씨는 한 달에 3주는 해외 출장이지, 공장도 이곳저곳 노상 들여다봐야 하지, 또 나는 땅 사러 다니는 사람이라 땅도 보러 다녀야 하지. 에휴, 그놈의 땅이 뭐라고. 그때는 땅에 완전히 미쳐 있었어요. 그래서 예리한테 항상 너가 다 잘해야 된다, 넌 학교도 다니고, 학원도 다니고, 공부도 잘해야 하고, 어디로 튈지 모르는 쌍둥이도 잘 챙겨야 한다고 얘기했어요. 너는 내 딸이니까. 장녀니까. 누나니까. 애미라는 사람은 노상 밖에 싸돌아다니면서 그 어린 것을 감옥에 가둬놓고선 끊임없이 채찍질했어요."

주무관님은 떨리는 목소리로 말씀하신다.

"얼마나 힘들었을까. 얼마나."

그러다 예리의 성적이 조금씩 떨어졌고 주무관님은 그런 예리가 이해가 안 됐다고 한다.

"예리야. 내가 너한테 일을 하라고 하니, 돈을 벌어오라고 하니? 비싼 밥 먹고, 비싼 옷 입고, 가만히 앉아서 공부만 하는 건데, 그게 그렇게 어려워? 뭐가 어려워? 엄마는 하고 싶어도 못 했던 공부야. 그리고 남들은 돈 없어서 못 보내는 학원. 한 달에 삼백 사백씩 들여서 보내는데, 부족한 게 하나도 없는데. 너 엄마처럼 살지 말라고 엄마가 이렇게 노력하잖아. 좀 잘하자. 응?"

하지만 고등학생이 된 예리의 성적은 어느 순간 바닥을 쳤고, 주무관님은 정말 겁이 났다고 한다. 내 자식이 나처럼 될까 봐 너무 무서웠다고 한다.

"송예리! 너 이게 뭐야! 진짜 왜 이러니? 정신 똑바로 안 차려?"

"엄마처럼 살고 싶어서 그래? 어? 똑바로 말해봐."

"니가 어떻게 이럴 수가 있어? 너 그러다 진짜 엄마처럼 살면 어떻게 하려고 그래! 어? 대답 안 해?"

주무관님은 복받치는 감정을 어쩌지 못하고 침대에 멍하니 걸 터앉아 있는 예리를 잡아당기고, 여린 몸이 휘청하도록 흔들고, 때리고 또 때렸다고 한다.

나는 주무관님의 말을 들으면서 나를 때리면서도 울고 있었던 아빠의 얼굴을 떠올린다. 울컥하는 감정이 치밀어오는데 눈물을 꾹 참는다.

주무관님은 생때같은 자식에게 처음으로 손찌검을 하고서 그 이후로 몇 날 며칠을 설거지 하면서, 청소나 빨래를 하면서, 예리를 위한 육개장을 만들면서 숨죽여 울었다고 한다.

주무관님은 숙주나물 바구니를 쓰다듬으면서 계속 말을 이어간다.

"그리고서 한 며칠 지났나. 지 좋아하는 한우육개장을 끓여서 차려놨는데 예리가 표정 없는 얼굴로 식탁에 앉더니 어떤 팜플렛을 툭, 식탁 위에 놓더라고."

"아, 유학."

"그래요. 유학을 가겠대요. 근데에. 보내려면 중학교 때 진즉 보냈겠지. 난 정말 떠나보내기 싫었어요. 난 내 새끼 옆구리에 끼고 살 부대끼면서 살고 싶지, 타지에 혼자 멀리 보내기 정말 싫었다고. 그런데 예리가 꼭 가야 겠대. 자기는 꼭 갈거래."

주무관님의 눈이 빨개진다.

"유학 보내주면 그땐 엄마처럼 살진 않을 거 같다고. 나도 엄마 소원처럼 절대 엄마처럼 살고 싶지 않다고. 제발 보내달라고."

주무관님의 눈에서 눈물이 또르륵 떨어진다. 식탁에 있는 휴지 갑에서 휴지를 한 장 뽑아 스윽 닦으며 다시 말을 잇는다.

"그렇게 단호하게 말하더라구요. 엄마처럼 살기 싫다고. 엄마가 싫다고."

처음엔 한 방울이던 눈물이 세 방울 네 방울이 된다. 나는 이제 주무관님이 숨기려던 이곳에 온 진짜 이유를 알 것 같다.

주무관님은 아마 두 달 전, 영영 돌아오지 않겠다던 딸의 선언에 많이도 울었을 것이다. 사진으로만 더듬더듬 보던 딸을 이젠 다신 못 볼 수도 있다는 생각에 억장이 무너졌을 것이다.

그리고 어디서부터 잘못된 것인지 기억을 거슬러 올라가다가 첫째 딸 예리의 출생신고를 한 노운구청까지 오게 되었을 것이다. 언제나 돌아가는 법이 없었던 주무관님은 자신의 딸자식에겐 정공법을 쓸 수가 없었다. 주무관님의 죄책감이, 그 처절한 모성애가 예리에게로 곧바로 향하지 못하고 '공무원들에게 진 빚'으로 둔갑했다.

구청에 빚을 갚으러 온 주무관님은 아기였던 예리와 자신을 매일 생각한다. '그때로 다시 돌아갈 수만 있다면, 절대 그렇게는 하지 않을 텐데' 하며 매일 괴로워한다.

근데 또 행복하다. 그리운 예리를 만나러 오는 기분으로 한 시간 반이 되는 거리를 흥얼거리며 달려온다. 그렇게 하루에도 수십 번 냉탕과 온탕을 오가는 일을 반복하며 이 청에 있는 매 순간, 예리를 원 없이 생각한다. 일복이 붙는 팔자라서 못 안아준 예리를 상상 속에서나마 하루에 수백 번 안아준다. 이것이 압구정 최리님이 노운구청에서 일하는 진짜 이유다.

주무관님은 눈물을 손으로 슥 닦아내며 읊조리듯 말한다.

"예리가 뭘 간절하게 하고 싶다고 말하는 게 처음이었어요. 항상 내가 시키는 거 고분고분 듣기만 했지. 난 그제서야 알았어요. 내가 내 딸이 뭘 원하는지, 뭐가 되고 싶은지 하나도 몰랐구나. 아니, 알려고도 안 했구나. 그리고 나도 못 이뤘던 걸 어린 자식한테 대신 이뤄내라고 땡깡 부리고 있었구나. 내가. 엄마란 사람이."

사실 따지고 보면 압구정까지 들어와 남들은 없어서 못 보내는 학원을 일고여덟 개씩 보내는 생활 수준을 미루어 보면, 딸 예리는 주무관님처럼 의촌이라는 깡촌으로 들어가 땡볕에서 피부 삭아가며 논밭 일을 할 일도 없었을 것이고, 돼지농장에서 역겨운 냄새 참아가며 돼지들 똥 치울 일도 없었을 것이고, 누구네 집 가정부가 돼서 남의 자식 똥 기저귀 갈아줄 일도 없었을 것이고, 길바닥에서 김밥 장사를 하고 봉제 공장에서 먼 짓밥을 먹을 일도 절대 없었을 것이다.

그러나 내 딸은 절대 나처럼 되지 말아야 한다는 주무관님의 과도한 집착과 막연한 두려움, 그리고 과거 그 고단했던 삶이 무시무시한 트라우마로 남아서 딸 예리를 향한 모진 채찍이 되어버린 것이다.

"근데 우리 예리가 너무 착해서 그때 나한테 그렇게 맞고 있으

면서도 울음소리를 밖으로 안 내. 끅끅끅 하면서 아무 말도 안
하고 안으로 삼키면서 울어요…."

내 눈도 점점 빨개지면서 눈물이 나온다.

얼마 전 아빠와 식탁에 마주앉아 한꺼번에 터져 나오는 울음
때문에 아빠에게 꼭 해야 했지만 못했던 말들이 우수수 떠오
른다.

나는 얼른 눈물을 닦아내고 정신을 차린다. 아빠를 생각하다
벌겋게 달아오른 얼굴로 주무관님께 말을 건넨다.

"주무관님. 예리도 언젠간 알게 될 거예요 주무관님 마음."

주무관님도 빨간 눈으로 나를 본다.

"그때는 몰랐어도 점점 알게 될 거예요. 부모님이 나를 위해
희생한 시간들. 나 하나 지키려고 온몸으로 막아야 했던 모진
풍파. 아무리 더럽고 치사하고, 궁지에 몰려도 땅에 코를 박고
비굴했어야만 했던 그 무거운 책임감. 어른이 되고 세상으로
나올수록 알게 되더라고요. 그 커다란 그늘을요."

주무관님은 이제 펑펑 울고 있다.

"저는 아빠의 그늘 아래에 있으면서도 아무 것도 알지 못하고
절대 아빠처럼 살지 않겠다고 다짐하고 또 다짐했어요. 아빠
를 매일 원망하고 미워했어요. 내가 아빠 자식이 아니었으면
좋겠다, 아빠가 내 아빠가 아니었으면 좋겠다. 이뤄질 수도 없

는 기도를 했어요. 그런데 이젠, 아빠의 그늘에서 벗어난 이젠, 저는 매일 기도해요. 울 아버지처럼 성실하게만 살 수 있으면 내 인생은 성공한 인생이니까 아빠처럼만 근면하게, 꿋꿋하게, 포기하지 않게 해달라고 기도해요. 예리도 5년 후, 10년 후가 되면 분명 주무관님을 이해할 거예요. 제가 우리 아빠를 이제서야 이해하고 나에 대한 무한했던 사랑을 알게 된 것처럼요. 예리도 그때는 틀렸지만 지금은 맞는 게 있다는 걸 알게 될 거예요. 그러니까 조금만 기다려주세요. 시간이 예리를 그곳으로 데려다줄 때까지만요."

"…응. 난 기다릴 수 있어요. 난 항상 이 자리에 있어요."

주무관님의 얼굴에서 순간 우리 엄마의 모습을 본다. 밥을 먹고 친정집에서 나올 때마다 멀어지는 내 모습을 보려고 창문 앞에 맨발로 서서 한참을 빼꼼히 지켜보는 엄마의 모습이 겹쳐 보인다.

그때 푸슉, 하고 전기밥솥이 신호를 보낸다.

내가 산 땅에 도로가 났어

"아이고, 밥이 다 됐네~."

주무관님은 떠나보낸 아이를 그리워하는 슬픈 엄마의 모습에서 원래의 여장부 모습으로 돌아온다. 밥통을 딸깍 하고 열어 주걱으로 뒤적뒤적하고는 묻는다.

"어머머머, 밥이 지인짜 고슬고슬하게 자알~됐다! 어머. 벌써 우리 아저씨 들어오실 시간이네. 주무관님 우리 아저씨랑 밥 같이 먹어도 괜찮죠?"

나는 명랑하게 '네네!' 하고 답하며 분위기 반전을 시도한다.

"주무관님, 아까 하시던 얘기 계속해 주세요."

주무관님은 푹푹 끓고 있는 육개장 솥 안의 국물을 떠서 간을 보며 대답한다.

"얘기? 무슨 얘기? 풍수지리?"

"아니요~ 주무관님의 산전수전 이야기요. 아까 산골짜기랑 해변가랑 과수원 땅 산 얘기까지 해주셨어요."

주무관님은 서랍에서 수저를 꺼내며 아차차, 하는 표정을 짓는다.

"맞다 맞다. 그니까 글쎄 그 과수원 땅에~."

"네. 그 과수원 땅!"

나는 궁금해서 졸도하기 직전이다.

"응. 거기에 글쎄. 도로가 나게 된 거예요. 아예 내 땅을 관통해서 도로가 날 거라고 그러더라고. 그래서 내 땅이 도로에 죄다 편입되는 조건으로 보상금을 무지막지하게 받았어요."

"와아아아아. 대박. 대박 사건."

방금까지 예리 이야기를 듣고 울다가 지금은 돈 얘기에 넋을 놓는다.

"그래서 그 돈으로 김밥집 하나 크게 내려고 자리를 알아보고 있었는데, 그때 마침 봉제공장 젊은 송 사장님이 사업이 너어무 잘되가지구~ 공장을 하나 더 내려고 하는데 자금이 부족하다고 코 빠뜨리고 있더라고요. 나는 저얼대 빚지고는 못 사는 사람이거든요. 받은 만큼은 베풀고 살아야 하잖아. 나한테 숙소 부엌 쓰게 해줘서 내가 김밥도 말 수 있었던 거니까 내가 큰맘 먹고 투자하겠다, 하고 준비하던 김밥집 싸악 접어버리고 그 봉제공장 사장님한테 전부 다 투자했어요."

그때 틱틱틱틱 비밀번호를 누르고 누군가 집으로 들어온다.

가족 사진 속 인자해 보이는 중년의 남자분이 커다란 골프가방을 메고 들어온다,

"어이쿠우~ 오늘도 손님이 와계시네."

나는 식탁에서 일어나서 웃으며 꾸벅 인사한다. 주무관님이 남편의 어이쿠우에 아이구우로 장단을 맞추신다.

"아이구우~ 여기 오셨네, 우리 봉제공장 송 사장님~. 여기가 우리 아저씨야."

나는 다시 아까 넋을 놓은 그 표정으로 돌아간다. 음소거 버튼이 눌린 채 턱이 빠진다. 한 손으로 입을 틀어 막는다.

압구정 현대라는 결과물은 봉제공장 젊은 송 사장님과 억척스러운 땅부자 최리님의 합작품이었던 것이다.

송 사장님이 옷을 갈아입고, 손을 씻는 동안 주무관님은 빠른 동작으로 밥상을 차리며 산전수전 이야기의 결말을 말해주었다.

주무관님은 과수원 땅투자 성공을 기점으로 땅투자에 더욱더 열과 성을 올렸고, 도봉구 방학동 지하에서 시작한 봉제공장

송 사장님은 최리 주무관님의 투자로 공장을 하나 더 늘렸다. 주무관님이 또 투자하면 사장님은 또 공장을 늘리고, 이 과정을 무한 반복해서 지금의 굴지의 중소기업을 이뤄내셨다고 한다. 주무관님과 송 사장님의 미약했던 시작이 창대한 끝을 향해 달려가고 있다.

나는 주무관님의 인생 이야기를 들으며 자리에서 일어나 수저를 놓고, 주무관님이 떠주는 밥을 식탁에 놓고, 소고기 장조림, 잡채, 따끈하게 데운 육전, 도토리묵 무침, 콩자반, 열무김치, 오이소박이, 두부조림, 낙지젓, 구운 돌김, 오이 크래미 마요네즈 샐러드 등을 놓고 또 놓는다. 그리고 마지막으로 오늘의 주인공, 새빨간 투뿔 한우 양지 파육개장을 세 그릇 놓는다.

손을 씻고 편안한 옷으로 갈아입은 송 사장님이 온다. 주무관님과 송 사장님이 나란히 앉고, 나는 그 앞에 마주앉는다.

나는 어색하게 미소 지은 채 반듯이 앉아 있다. 불편한 듯 익숙한 이 느낌. 4년 전 현우의 부모님을 처음 뵀었던 식사 자리 같다.

송 사장님은 나를 유심히 보고 있다. 식탁 위 한우 육개장에서 김이 펄펄 나고 있는데 숟가락도 들지 않는다. 나는 어디를 봐야 할지 몰라서 경박하게 눈알만 이리저리 굴리고 앉아 있다.

"당신이 말한 그 아가씨구나. 우리 예리랑 닮았다고."

송 사장님도 나를 보며 첫째 딸을 떠올리고 있다.

"얼굴형도 비슷하고, 머리카락도 반곱슬이네. 예리도 나 닮아서 반곱슬이예요. 허허."

"저는 엄마 닮아서 머리가 좀 꼬불거려요. 하하…."

송 사장님을 똑바로 보는데 안경 너머 보이는 눈빛이 익숙하다. 머리는 희끗하고 얼굴 여기저기 주름이 있지만 눈빛에 기세가 있다. 그 기세는 이 분위기를 압도하고, 마주앉은 서른 살 젊은이를 빠져들게 만든다.

이 느낌이 뭐였지, 하고 기억을 뒤지는데 송 사장님의 눈동자에서 서초동 외삼촌의 눈빛과 같은 것을 본다.

"반곱슬머리 깜찍하죠. 두상도 우리 예리랑 비슷하네. 예리가 어릴 적에 잠을 누워서 자질 않아서 꼭 아가씨처럼 짱구 두상인데."

"어? 저도 엄마가 맨날 짱구라고 불러요. 머리통 동그랗다고. 땅에 눕기만 하면 울어서 엄마 등에서 잤대요. 저 땜에 엄마가 고생 많이 하셨대요. 하하."

두 손으로 턱을 괴고 나를 흐뭇하게 바라보며 예리를 떠올리고 있던 최리 주무관님이 아차차차, 한다.

"아휴, 비싼 밥 앞에 두고 고사 지내네. 어여 들어요, 어여. 배고프지?"

나는 뭔가 무게감이 느껴지는 놋으로 만들어진 숟가락을 든다. 시뻘건 육개장 국물에 찢어낸 한우 고기 한 점을 놓아 입에 넣는데, 입속에서 천상의 맛이 펼쳐진다.

또다시 그저 잘 먹으면 행복한 짐승이 되기 직전이다.

그때 송사장님이 갑자기 오랑우탄 같은 목소리로 탄성을 내지른다.

"크으으으~ 캬아~ 여윽시~ 우리 경자 손맛이 최고야!"

경자?

잠시 갸우뚱하고 있는데 최리 주무관님이 어마맛! 하면서 송사장님의 팔뚝을 콩콩 친다.

"어머머머, 이 아저씨가~ 내가 개명한 지가 언젠데 아직도 경자라 그래애."

빙그레 웃고는 있지만 벙쪄 있는 나를 보더니, 조신하게 입을 가리고 웃으면서 설명한다.

"주무관님 내가아. 사실은 개명을 했어요. 내 원래 이름이 최경자예요. 호호. 최경자라는 이름 때문에 내 인생이 촌스러워지는 것 같아서 확 바꿔버렸지. 압구정으로 들어오면서 이름도 같이 바꼈어. 압구정에는 최경자보단 최리가 어울리지 아무래두~? 오홍홍홍."

나는 이제 이 정도 서프라이즈는 놀랍지도 않다. 그냥 이렇게 오홍홍홍, 하시는 주무관님이 귀엽게 느껴져서 빙그레 웃고 있다.

"근데 진짜 이름 바꿨더니 이름대로 살게 되더라니까. 내가 살다 살다 이렇게 나랏밥도 다 먹어보고. 안 그래요? 그래도 우리 남편은 아직도 이렇게 경자야~ 경자야~ 해. 홍홍홍."

나는 주무관님의 홍홍홍, 소리를 비지엠 삼아 본격적으로 먹방을 시작한다.

우선, 윤기가 좔좔 흐르는 밥을 한 술 떠서 입안으로 넣는데 그 찰기가 아주 남다르다. 밥을 참참 씹어먹으면서 다음은 무얼 먹을까 젓가락을 들고 식탁을 스캔하는데, 셀 수도 없는 반찬들 때문에 다음 스텝을 결정하기 힘겹다. 그러다 나의 최애 반찬, 크래미 마요네즈 샐러드에 눈길이 꽂힌다. 어쩌다 횟집에 가거나 식당에 가면 느끼한 마요네즈에 찐득찐득 버무려진 마카로니를 제일 먼저 먹곤 했다.

아빠는 그런 나를 항상 나무랐다.

"너어. 그런 걸로 배 채우지 말고 회부터 먹어야지! 거 취향 한번 촌스럽네."

나는 이곳 압구정 현대아파트에서도 내 촌스러운 취향을 어쩌지 못하고 크래미 마요네즈 샐러드를 혼자 먹어 치웠다. 정신

없이 먹다가 반찬 그릇에 바닥이 보이자 그제야 정신을 차리고 속으로 후회한다.

'또 식탐을 냈네….'

다 같이 먹는 반찬을 혼자서 아작내 버린 나는 고개를 처박고서 눈치만 보고 있는데, 주무관님이 1번, 2번, 3번 냉장고 중에 1번 냉장고를 열어 반찬통을 꺼내 온다.

"잘 먹으니까 너어~무 좋아 우리 주무관님. 많이 많이 먹어요!" 하고는 샐러드를 다시 가득 채워주신다.

나는 갑자기 해맑은 아이가 되어 '감사합니다' 하고 앞을 보는데 송 사장님의 시선이 느껴진다. 이제는 아예 숟가락을 놓고 두 손을 모으고 앉아서 나를 지켜본다.

이번에는 외삼촌의 모습이 아니다. 마카로니만 먹는다고 구박하면서도 잘 먹는 나를 따스하게 바라보는 우리 아빠의 모습이다. 이 자리가 점점 편안해진다.

배가 불러오자 잘 먹으면 행복한 짐승에서 다시 사람의 모습이 된 나는 갑자기 주무관님한테 질문을 한다.

"줌관님. 근데 이름이 왜 리예요? 리야, 하고 부르는 게 입에 잘 안 붙는 것 같아요. 최리, 이렇게 성을 붙이게 돼요."

송 사장님이 맞장구친다.

"아가씨도 그래요? 나도 그래. 리야~ 이게 십 년이 지나도 익숙지가 않다니까."

주무관님은 콩자반 한 알을 젓가락으로 집어 입에 쏙 넣으며 말한다.

"그게 왜냐믄. 내가 성북동에서 일할 때 그집 작은 며느리가 나보다 두 살 많았는데, 그 작은 마나님 이름이 유리였어. 하유리. 근데 내 이름은 최경자잖아. 촌티 팍팍나게. 유리라는 이름이 얼마나 부럽던지. '리'로 끝나는 이름이 얼마나 세련돼 보이던지. 그래서 그냥 리로 했어. 우리 딸 이름도 예리. 그때 그 부잣집 마나님처럼 손에 물 한 방울 안 묻히고 살라고."

"그런 거구나. 근데 사실 최리라는 이름 너무 예뻐요. 저는 이름만 보고 20대 초중반 여자분이 오시는구나 생각했어요. 외자 이름도 진짜 독특하고요."

주무관님 표정에 갑자기 그늘이 진다.

"근데… 외자 이름들이 좀 외롭대. 그래서 내가 이렇게 그리운 사람들이 많은가?"

송 사장님이 이 사람 또 이러네, 하는 표정으로 최리 주무관님 밥에 육전을 하나 놓으며 꾸중하신다.

"당신이 외롭긴 왜 외로워? 나랑 진규랑 민규는 투명인간이야? 거어 참."

조금 전 차 안에서, 그리운 사람 때문에 밤잠 안 올 때마다 새벽기도를 간다는 주무관님의 말이 떠오른다. 주무관님의 그리운 사람은 누가 봐도 엄마가 싫다고 한국을 떠나버린 첫째 딸이다.

나는 자꾸 슬픔이가 되려고 하는 주무관님을 그냥 두고 볼 수가 없다. 어떻게 하면 그녀의 기쁨이를 끌어낼 수 있을까, 골똘히 생각하다가 개수대 옆에 곱게 씻겨서 플라스틱 바구니에 담겨 있는 사과, 키위, 배를 본다.

나는 얼른 화제를 돌린다.

"주무관님, 과일은 제가 깎을게요."

"그래요? 그럼 그렇게 해요. 나는 설거지 할게."

그렇게 최리 주무관님과 나는 시시콜콜한 직장 동료들의 이야기를 하며 각자의 일을 한다.

전화를 받으러 잠깐 방으로 들어갔던 송 사장님이 이마를 짚으며 서재에서 나온다. 골치 아픈 얼굴이다.

"아 네네. 그 업체랑은 이제 더 이상 거래 안 한다고 바로 통보하세요. 네. 네."

과일 껍질을 정리하던 주무관님이 묻는다.

"무슨 일 있어요?"

2030 청년들은 포부를 버렸다

"저번에 문제 됐었던 그 하청 업체."

"아, 산재 사망 사고 났었던?"

"응. 근로기준법 위반으로 신고당한 게 한두 번이 아니라네. 아는 근로감독관한테 물어보니까 임금 체불로 벌금 낸 것도 여러 번이래."

주무관님의 표정이 갑자기 엄해진다.

"끊어야죠. 거래. 당장."

"응. 내용증명서 보낼 거예요."

주무관님이 핸드폰 배경사진 속 건실한 청년이 된 두 아들의 사진을 흘끔 본다.

"거기. 내가 저번에 공장 돌 때 보니까 거의 20대 초반 어린애

들만 데려다 쓰던데. 산재로 죽은 애도 23살이라고 했잖아요. 애한테 법정 휴게시간도 안 주고, 밤 11시가 넘도록 연장근무 시키고. 밥은 제대로 먹었겠어?"

23살이면 철없이 까불대는 내 동생 동우보다도 어린 아이들이다.

"그래. 그때 레일에 끼었다고 했나 아님 말려 들어갔다고 했나, 하여튼 패혈증으로 죽었다고 했는데."

나는 그 고통이 도저히 상상도 안 된다.

송 사장님은 말이 없다. 턱을 엄지 검지로 쓰다듬으면서 생각에 잠겨 있다가 입을 연다.

"점점 괴물이 되어가네. 우리 사회가."

우리는 잠시간 말이 없다.

송 사장님이 말을 이어간다.

"언젠가부터 청년들이 포부를 버렸어. 꿈을 꾸긴 하는데 그게, 포부를 위한 게 아니라 생존을 위한 꿈이야. 생존이 곧 꿈이 되어버린 거야."

나는 송 사장님을 본다.

우리는 눈이 마주친다.

"그러니까 점점 내몰리는 결정을 하게 되죠. 살아야 하니까. 살고 싶어서 어쩔 수 없이 하는 결정들. 아가씨도 처음부터 9급 공무원 하고 싶어서 대학 갔어요?"

송 사장님이 질문하며 나를 똑바로 보는데, 그 강렬한 눈빛에 나는 거짓말을 할 수도, 평소처럼 얼렁뚱땅 얼버무릴 수도 없다.

"아니요. 아니에요."

"그래요. 요즘 아이들은 부모세대가 누렸던 것을 온전히 누릴 수가 없게 되어버렸어요."

최리 주무관님이 맞장구친다.

"그러니까요. 안정적인 인생과 도전적인 인생. 아이들한테 사회가 잔인해 질수록 답은 정해져 있지 않겠어요? 그렇다면 이 사회가 최소한의 계약이라도 좀 철저하게 지켰으면 좋겠는데. 참."

계약이 철저하게 지켜지는 사회.

송 사장님과 주무관님의 말을 듣고 있는데 얼마 전 친정집에서 내 방을 정리하다가 발견한 계약서 한 장이 떠오른다.

1. 계약 기간은 2016. 3. 1. ~ 2017. 2. 28. 으로 한다.

2. 시급은 20,000원으로 한다.

3. 수업 시수는 주당 10시수로 하되, 사정에 따라 변동될 수 있다.

내가 기억하고 있는 그곳에서의 복잡한 경험과 많았던 의무들에 비해 계약서는 너무나도 간단했다.

A4 용지 한 장이었다.

아니, 달랑 세 줄의 문장일 뿐이었다.

나는 계약을 계약으로 여기지 않는, 사람 좋게 웃고 있는 착취자들의 '여긴 원래 다 이래' '원래 다 이렇게 하는 거야' 하는 두루뭉술한 말을 철석같이 믿었다.

'원래'라는 단어에 학습지를 만들어내고, 수행평가를 구성하고, 수행하고 채점하고, 교육행정정보시스템에 100명이 넘는 학생들의 생활기록부를 1명당 10줄 이상 쓰고, 밤새워 시험문제를 내고 또 검수하고, 문제가 생기면 그에 따른 고소, 고발 등 모든 책임을 져야 한다는 무시무시한 사실들이 함축되어 있는 줄로만 알았다.

그리고 그 '원래'의 관습을 지켜내고 싶었다. 그들과 어울리고 싶었다. 잘 지내고 싶었다. 하지만 겉으로만 웃고 있던 그들은 단 한 번의 사건으로 가식적인 위장을 벗어던지고 본색을 드러냈다.

나는 내 실수로 인한 복수정답 오류에 전적으로 책임을 졌다. 3일을 꼬박, 불이 꺼진 빈 교무실에서 혼자 앉아 서럽게 울면서 쌓여 있는 OMR 카드를 수정했다. 또 실수가 생길까 봐 세

번 네 번 다섯 번을, 손을 덜덜 떨면서 검수했다.

그렇게 사건이 일단락되는 것처럼 보이자 학교에서는 득달같이 나를 대체할 스페어 나사를 데리고 왔다. 나는 기대에 부푼 표정을 한 새로운 나사에게 인수인계를 했다. 어느 학년 어느 반을 맡았고 어디까지 진도가 나갔으며 노트북의 비밀번호, 시스템 접속 방법, 이 학교 아이들에게 익숙한 수업방식 등을 알려줬다.

하지만 '원래'의 관습에 대해서는 말할 수 없었다. 그건 계약서에 없는 내용이기 때문이다. 계약서에 없는 내용은 인수인계할 필요가 없기 때문이다. 인수인계할 필요가 없는 내용은 수행하지 않아도 되기 때문이다.

그렇게 내 컵, 내 무선마우스 키보드, 내 슬리퍼 등을 수위 아저씨가 챙겨준 다 터져가는 박스에 넣어 두 손에 안고서 운동장을 가로질러 터덜터덜 정문을 향해 걸어가고 있는데, 앞에서 산책을 마치고 돌아온 정교사 1, 2와 마주친다.

나는 인사를 하려다가 그 둘의 눈치를 살피고 바닥만 보며 걸어가기로 한다. 그렇게 그 둘은 나를 지나쳐 간다.

"아, 잠깐만. 나 한마디만 하고 와야겠어."

정교사 1이 정교사 2에게 말하며 갑자기 방향을 튼다. 그러고선 내 앞으로 와 팔짱을 끼고 서서 눈을 내리깔며 말한다.

"선생님. 우리가 수습 잘해서 고소까진 안 당한 줄 아세요."

나는 고개를 처박고 아무 말도 꺼내지 못한다.

"그리고 임용 볼 거예요? 웬만하면 보지 마요. 봐서 들어와봤자 골치 아픈 뒤치다꺼리만 많아져 지금처럼. 쌤 같은 신규 교사 들어온다 생각하면 진짜. 앞이 깜깜해. 아 뭐. 그 실력으론 붙지도 못하겠지만."

그러면서 이미 부서진 나를 짓밟아 뭉갰다.

정교사 1은 산산조각이 나버린 나를 뒤로하고 뛰어가 정교사 2의 팔짱을 끼고 말한다.

"아 진짜. 요즘 개나 소나 교사하겠다고 난리야."

"그니까요. 아무나 저런다니까."

정교사 1, 2의 잔인한 말들은 불쏘시개가 되어 생기를 잃고 바싹 말라버린 내 모습에 불을 질렀다. 그렇게 회색빛 재만 남은 나는 그 어느 때보다도 초라했다. 반쯤 정신이 나간 채로 걸어 학교 앞 정류장으로 와서는 버스 몇 대를 그냥 보내며 그냥 앉아 있었다.

작은 주먹을 쥐고서 울었다. 부들부들 떨리는 주먹을 무릎 위에 올려놓고 계속 울었다. 울면서 나 자신에게 말했다.

"나는 개나 소도 아니고, 아무나도 아니야. 나는 뭐라도 될 거야. 꼭 될 거야. 그게 뭐라도… 될 거야."

그동안 뭐라도의 '뭐'를 정의하지 못하고 있었는데, 송 사장님의 말을 듣자 그게 무엇인지, 이제야 비로소 알 것 같다.

정당하게 일하고 공정하게 대우받으며 안심하면서 살 수 있는 나.

그것이 되고 싶었다.

계약이 지켜지지 않는 사회에서 그저 최소한의 방패를 가지고 싶었던 것뿐이다. 그냥 그뿐이다.

그래서 나는 9급 공무원이 되었다.

대기업이 성공한 인생?
그건 예전 말이지

"지금 그 업체 사장. 세상 물정 모르는 애들 데려다가 생으로 갈아 넣어서 그 실적으로 겨우겨우 연명은 하는 거야. 근데 내가 30년 사업하면서 보니까 사람 귀하게 여기지 않는 사업주들은 결국 다 망했어."

주무관님이 고소한 현미 보리차를 내게 건네며 말씀하신다.

"그래요. 그 액살이 결국엔 자기 목을 겨눠요. 그 사장 젊던데. 40살 갓 넘은 것 같더만."

송 사장님이 자리에 앉아 보리차를 홀짝 마시며 대답한다.

"맞아요. 그리고 서울대 출신이라 그 인맥으로 사업도 좀 일찍 자리 잡은 것 같더라고. 그러니까, 지성과 인성이 항상 같이 가진 않는 거지."

주무관님도 컵에 차를 따르며 말한다.

"항상은 아니어도 종종 같이 가는 경우도 있지! 그… 이준호 주무관님이 그렇잖아~! 준호 주무관님도 서울대 나왔잖아."

이준호?

단톡방에서 항상 소란하고, 동기들 중에서 가장 발랄하며, 말이 많고 박 대감 집이나 김 대감 집이나 공노비는 거기서 거기일 뿐이라며, 따박따박 연금 나오는 공무원은 퇴직해도 공무원이라며, 이 우물에서 누구보다 행복하게 살고 있는 대장 개구리.

그 준호가 맞나?

나는 주무관님께 되묻는다.

"이준호요? 제 동기 준호 말씀하시는 거예요?"

주무관님은 배를 아삭 씹으며 말한다.

"몰랐어? 지난주에 조철민 주무관님이랑 밥 먹으면서 들었는데?"

순간 뇌가 정지한다. '트루먼 쇼'의 결말을 보고 만 기분이다.

"준호 주무관님 진짜 얼마나 싹싹해. 일머리도 있어서 남들 3일 걸릴 거 하루면 다 해내고. 또 사람들한테는 얼마나 잘하구. 청에서 준호 주무관 싫어하는 사람 한 명도 없잖아. 그래서 조철

민 주무관님이 계속 주시하고 있더라고. 아무래도 본청으로
보내야 할 것 같다면서."

주무관님의 말을 듣고는 있지만 벙찐 표정을 숨길 수 없다. 찻
잔을 그대로 들고 얼음이 되었다.

"대기업에서도 1년 일하고 왔다 나봐. 그러니까 일을 그렇게
뚝딱뚝딱 잘하지."

서울대. 그리고 대기업.

대기업을 그만두고 9급 공무원으로 들어왔다고?

너무나 비현실적이다.

그리고 그 비현실적인 캐릭터가 월급날 통장에 꽂힌 소소한
월급 때문에 울상인 우리를 달래주려 B급 농담을 치던 개구리
계의 레크리에이션 담당 이준호라니. 나는 넋이 반쯤 나간 채
로 혼잣말을 한다.

"그런데 왜 9급으로 들어왔을까요? 대기업이면 성공한 인생이
잖아요."

송 사장님이 답한다.

"성공한 인생. 그건 예전에나 통하는 말이지. 요즘 30대 아니,
아예 20대 신입일수록 직장에서의 성공을 예전만큼 잘했다,
대단하다고 여기지 않더라고. 우리 직원들 보니까 직장 커리
어보다는 자력구제에 온통 힘을 쏟더라고요. 다들 안 그런 척

시치미 떼고 있지만."

자력구제. 낯선 단어다. 나는 찻잔을 식탁에 놓고 핸드폰 화면을 켠다. 공무원 이서기는 습관처럼 어학사전을 켜고 이해가 안 되는 단어를 찾아본다.

자력구제
[민법, 형법 용어] 자기의 권리를 확보하기 위해 스스로의 힘을 사용하는 행위. 국가의 보호를 받는 것이 불가능하거나, 극히 곤란한 경우에 예외적으로 인정.

'국가의 보호를 받는 것이 불가능하다.'
나는 보호장치도 없이 일하다가 레일에 말려 들어가서 끼어 죽었다는 23살 청년을 생각한다. 착취자에게서 자신의 권리를 확보하지 못하고 철저하게 이용만 당하다가 허망하게 세상을 떠난 청춘을 생각한다.

"회사에서 내 30년 인생 책임져 줄지 확실치도 않고. 아니, 그 회사가 30년을 버티고 있을지도 확실하지 않은 상황에서. 핵심부서로 옮기고, 본사로 옮기고 승진하면서 회사에 충성하는 것보다 틈틈이 시간 쪼개서 투자 공부하고, 서울 집 한 채에 어떻게든 내 이름 하나 새기는 거. 그게 훨씬 가성비 좋다고 판단하는 거죠."

송 사장님의 말에 주무관님이 맞장구친다.

"맞아요. 회사에서는 어떻게든 나를 생으로 갈아 넣으려고 하고. 부동산시장, 주식시장은 미쳐가는데 내 부모는 금수저가 아니고. 아이들이 멘탈이 나갈 만하다고 봐요. 그렇게 발버둥 치는 걸 우리가 욕할 순 없는 거예요."

송 사장님이 대답한다.

"그리고 대기업이라고 해도 예전보다 임원급이 될 기회는 더 적어졌어요. 그 좁은 문을 통과하는데 청춘을 다 바치기 싫었 겠지. 그 친구도 아마 똑똑한 친구니까, 괜스레 희망고문 당하 면서 남 비위 맞추고 살 필요 없다고 생각했을 거예요."

나는 준호의 얼굴을 떠올리다가 동기 셋이 같이 점심을 먹고 공원을 한 바퀴 돌며 나눴던 대화를 떠올린다.

준호보다 한 살 많은 남자 동기가 말했다. 팀에서 맡은 새 사 업을 진짜 보란 듯이 멋지게 잘 해내고 싶고, 이 사업이 제대 로 자리잡게 해서 10년 후엔 이 지역의 마스코트 같은 행사가 되게 만들고 싶다고. 그렇게 자기는 인정받아서 본청으로 들어가서 성공하고 싶다고.

준호는 동기의 말에 대답했다.

"형. 충성하지 마. 본청으로 들어갈 필요도 없어. 그 사업의 성패? 5년 후? 20년 후? 형 인생 몇 년 뒤는 알아? 한 달, 아니 두 달 후는 알아?"

나는 준호가 물음표를 연발하자 갑자기 무서워진다.

"그리고 성공? 그런 장밋빛, 핑크빛 성공이 이런 데 있을 것 같아? 그런 건 여기서 찾지도 마. 그런 낭만은 사기업에도 없어. 낭만은 형 여친이랑 데이트할 때나 잘 찾아봐."

오늘따라 준호의 팩폭이 웅장하다.

"그리고 초과근무 좀 그만해 형. 시간당 만 원도 안 되는데 가성비 떨어지게 왜 그러고 있어? 형 29살이지. 그러면 20대가 몇 달 남지도 않았는데 한 시간이라도 더 즐겨야지. 흘러가고 나면 다시는 안 오는 시간이야. 그리고 서른 넘으면 체력 떨어져서 놀지도 못 한다고! 그치 누나?"

준호가 서른 살이 넘은 나를 보며 까분다.

나는 그냥 웃으면서 눈을 흘겨본다.

"지금 하루하루가 얼마나 소중한데 사무실에서 골 싸매고 있냐 아깝게. 형 그러고 있는 거 좋게 말하면 가성비 떨어지는 건데 나쁘게 말하면 멍청한 거야."

그러다 갑자기 양팔을 벌리면서 이 여름의 햇볕을 온 얼굴로 맞으며 뱅뱅 돈다.

"아아 좋다~ 그러지 말고 형. 오늘 맥주나 마시러 가자. 오늘 날씨 짱 좋잖아! 정신 차려 이 친구야~."

준호가 갑자기 노래를 불러댄다.

남자 동기가 듣고만 있다가 안경을 추키며 대답한다.

"정신은 니가 차려야지. 너희 팀도 요즘 일 많잖아. 그럴 여유 없잖아."

"그건 내일의 내가 잘 하겠지. 오늘의 할당량을 난 다 했다고."

남자 동기가 어이없어 하며 지적한다.

"할당량? 그거 누가 정해준 건데? 니가 정한 거잖아."

준호는 다시 뻔뻔한 뻔돌이가 되어 깝죽댄다.

"당연하지. 내 할당량은 내가 정해. 내가 스트레스 안 받고 즐겁게 할 수 있는 하루의 일의 양. 그걸 누가 알아. 팀장? 계장? 아니면 형? 그건 나만 아니까 나만 정할 수 있어."

동기가 대답이 없자 준호가 계속 채근한다.

"형. 욕심을 좀 버리라고. 내가 맨날 말하지? '천석꾼은 천 가지 걱정 만석꾼은 만 가지 걱정을 한다.' 욕심의 개수만큼 근심만 늘어 간다고. 욕심이 없으면 걱정도 없다고. 맥주. 응? 맥주 마시러 갈 거지?"

준호를 떠올리며 생각에 골똘히 빠져 있는데, 주무관님이 또 아차차, 한다.

"어머머머. 나 내일 108배 가야 하는데. 내 정신 좀 봐. 까먹을 뻔했네에!"

그러고 보니 주무관님의 집에는 천주교 십자가, 묵주가 여기 저기 걸려 있다. 서양과 동양을 넘나드는 글로벌한 느낌이다. 나는 질문을 한다.

"주무관님, 종교가 불교예요? 아님 기독교? 천주교…?"

주무관님이 컵을 정리하며 대답한다.

"뭘 믿냐고? 음… 나는 나를 믿지."

"네?"

"믿기는 나를 믿고, 빌기는 아무 신에게나 빌지."

나를 믿고, 아무 신에게나 빈다. 이 문장의 방점은 아마 앞쪽에 찍혀 있을 것이다.

'나를 믿는다.'

주무관님의 땅투자, 사업 등의 모든 결정은 하느님 또는 부처 님의 계시로 인한 것이 아니었을 것이다. 자신의 고된 경험자 산으로 자연스레 습득한 어떤 '촉', 흐르는 세월과 비례하여 점 점 기민해지는 그 '촉'을 믿는 것이다.

나는 개수대에서 컵을 씻고 있는 주무관님의 뒷모습에서 어떤 아우라를 느낀다.

"근데 108배는 왜 하시는 거예요? 그냥 힘들기만 할 뿐이잖아요. 앉았다 일어났다를 백번 넘게 하면 무릎만 나갈 거 같아요."
주무관님은 쏴아아아 컵을 물에 씻으시며 말한다.
"인간은 모두가 108개의 번뇌를 가지고 세상에 나온대요. 이 우매한 중생들은 108번뇌를 평생 다스리고 달래가면서 살다가 죽는 거예요."
그때 송 사장님이 어디선가 골프공 두 개를 가져와 앉는다.
"아가씨, 골프 쳐요?"
"골프요? 아뇨."
송 사장님이 내게 두 개 중 하나의 골프공을 건넨다. 나는 그걸 받는다. 골프공은 처음 만져본다. 탁구공보다 묵직하면서 매끈한 느낌이 나쁘지 않다.
송 사장님이 질문한다.
"골프 홀컵이 몇 밀리미터인 줄 알아요?"
"홀컵이요? 아, 골프공 넣는 구멍이요?"
송 사장님이 고개를 끄덕끄덕한다. 오늘의 퀴즈 지옥은 아직 끝나지 않았다.

골프의 기역 자도 모르지만 열심히 퀴즈에 참여한다.

"흠… 150밀리미터?"

"10.8센티미터. 108밀리미터예요."

108밀리미터.

108배.

라임이 딱딱 맞는구나, 생각한다.

송 사장님이 골프공을 유심히 들여다보며 말한다.

"그니까 나는 이 골프공을 내 번뇌라고 생각하고 108밀리미터 홀컵에 열심히 다가가는 거지. 108밀리미터짜리 구멍에 쨍그랑, 하고 들어갈 때 108번뇌 중에 한 개쯤은 해소가 되는 느낌이 나."

"아하, 그렇구나. 근데 진짜 라임 좋네요. 108밀리미터. 108배. 108번뇌."

송 사장님은 내가 방금 급조한 108라임에 눈을 번뜩하시며 좋아한다. 송 사장님의 골프 홀컵 썰에 내가 할 수 있는 최대한의 맞장구를 쳤지만 송 사장님의 말은 대충 한마디로 본인은 골프에 미쳐 있는 골프광이라는 것이었다.

이야기를 듣고 있던 주무관님이 식탁 쪽으로 오더니 혀를 찬다.

"얼씨구, 갖가지로 끼워 맞추기도 잘하지."

나는 송 사장님이 건넨 골프공 모양의 번뇌를 만지작거리며 앉아 있는데, 갑자기 최리 주무관님이 내 쪽으로 온다.

"아유. 우리 주무관님. 온실 속에 화초 같아서 어떻게 해~. 이거 봐. 이거. 손목."

최리 주무관님이 내 손목을 들었다 놨다 하며 위아래로 살펴본다.

"이렇게 손목이 가늘어가지구 걸레라도 하나 제대로 빨겠어? 마룻바닥도 제 손으로 못 닦겠구먼 아주."

그러다 시계를 보시곤 자리에서 일어나시며 말한다.

"아이구. 벌써 시간이 저렇게 됐네? 저어기 역 앞까지 태워다 줄게요. 얼른 짐 챙겨."

그렇게 나는 집에 도착해서 씻고 나온다. 소라가 선물해 준 과일맛 껌 향이 나는 캔들에 불을 붙인다. 그리고 타오르는 촛불을 보며 소파에 앉아서 오늘 있었던 많고 많은 일들을 생각하다가, 노트북을 켜서 블로그에 들어간다.

얼마 전부터 나는 블로그에 글을 쓰고 있다. 처음에는 일기를 하나씩 써서 올리다가, 최근에는 소설을 연재하고 있다. 오늘의 방문자 수는 3명이다. 어쩌다가 잘못 클릭한 사람들인 것이 분명하다.

오늘은 일기, 소설 중에 무엇을 쓸까 고민하다가 소설 폴더를 누른다. 서초동에서 만난 삼촌 다음으로 인상적인 이 어른을 내 소설 속 캐릭터로 박제해 놓고 싶다. 그렇게 한 30분을 정신없이 글을 쓰고서 노트북을 덮는다.

현우가 냉장고에서 요구르트를 꺼내며 묻는다.

"뭐해? 손에 쥐고 있는 건 뭐야?"

현우의 말에 내 손을 내려다본다. 오늘의 글을 다 써내고 불멍을 때리면서 골프공을 만지작거리고 있었다.

"아 이거. 이게 뭐냐면… 내 번뇌."

"뭐라고?"

"응? 아, 아무것도 아니야."

"늦었어. 자야지."

"응. 자자."

4부

"계획대로만
살자"

서울대생 9급 공무원

다음 날.

아침에 출근해서 메신저를 켰는데 준호가 대화를 건다.

[이준호 주무관] 적색경보. 가가멜 오늘 먹구름 몰고 다니는 중.
주의 요망.

[이서기] ㅇㅋ 접수 완료.

가가멜은 엄 계장을 지칭하는 비밀 암호다. 우리는 누군가의
사소한 곁눈질로 한순간에 털릴 수도 있는 메신저의 취약함을
잘 알고 있다.

갑자기 준호가 궁금하다. 왜 근 3년이 되어가는 시간 동안 혼자 트루먼쇼를 찍고 있었는지 물어봐야겠다.

[이서기] 오늘 맥날 ㄱ?
[이준호 주무관] ㅇㅋ

우리는 최소한의 자음과 모음만을 사용하여 효율적인 의사전달을 끝내고 각자 업무에 돌입했다.

사실은 준호도 모두의 앞에서 엄 계장에게 당하고 있는 나를 다른 사람들처럼 위로해 주고 싶어 했다. 하지만 그 방식은 다른 사람들과 아주 달랐다.

"어떡해…. 괜찮아…?"

"많이 힘들지? 힘들어서 어떡하니…."

다른 사람들처럼 이렇게 울고 싶은 내 앞에서 더 소리 내어 울지 않았다. 나는 나를 대신해서 징징징 울어주는 수많은 징징이들에게 진절머리가 난 상태였다. 우는 소리만 듣다 보니 나중엔 삐뚤어진 생각을 하기도 했다.

'아 진짜 왜 저래? 놀리나? 왜 오버야?'

어느 날엔가 준호가 창고 속에 처박혀 케케묵은 탁상 달력 하나를 들고 내 자리로 와서 깔깔댔다.

"누나. 이거 봐. 가가멜 9급 따리 시절~. 어휴 지린다 지려."

탁상 달력 단체 사진 속 엄 계장의 과거 사진보다는 지금 내 자리로 와서 느닷없이 깔깔거리는 준호가 어이없었다. 그래서 피식 실소가 나왔다.

근데 희한하게 그 한순간의 피식 소리에 방금까지만 해도 심각해서 얼굴을 구기고 바짝 긴장해 있던 내가 순식간에 이완되었다. 이완된 내 몸의 모든 구멍을 통해 단 한 번 새어 나온 웃음은 이제 그쳐지지 않고 바람 빠지는 풍선처럼 계속 낄낄대며 삐져 나왔다. 그렇게 준호는 내 문제를 문제 삼지 않았다. 그게 문제가 아니라면 난 괴로울 필요가 없다.

나는 그런 준호를 보며 내 동생 동우를 떠올렸다.

"야. 뭐 세상 끝난 거처럼 앉아 있어. 대충해 쫌. 그거 못한다고 죽냐?"

세 번째 수능을 보기 전날의 동우가 던져 주고 간 달콤한 초코 쿠키의 맛을 떠올렸다. 그렇게 달력을 보면서 준호와 낄낄낄 하고 있는데 엄 계장이 사무실로 들어온다.

"어어, 이준호 주무관."

엄 계장은 준호에게 친한 척을 하고 싶어 한다. 준호는 이 조직에서 눈에 띄는 인싸다.

준호는 모두에게 싹싹하며 어른들의 무례한 농담에도 능청스런 얼굴로 재치 있게 말대답한다. 어른들은 어느 젊은이의 신선한 재치에 마음을 뺏긴다. 이 청년을 곁에 두고 싶어 한다. 엄 계장은 슬쩍 추파를 던진다.

"준호 주무관, 오늘 뭐 해? 우리 팀 회식 올래? 삼겹살 먹을 건데."

편하고 유머러스하고 씩씩한 주무관은 언제나 러브콜을 받는다. 준호는 방금까지 가가멜의 어린 시절을 비웃다가 능청스런 말투로 받아친다.

"저희 과 과장님한테 결재 받으셔야 저를 데려가실 수 있으십니다."

뻔뻔한 놈.

나는 속으로 생각한다.

"어휴 비싸 비싸. 됐어 됐어. 안 가면 주무관님만 손해야."

"농담이고, 저 오늘 당직이에요 계장님. 정말이지 아쉬워서 죽기 직전이에요. 하하."

나는 이 삼각 구도가 어색해서 얼음이 되어 모니터에 고개를 박고 있다. 엄 계장은 준호의 말을 듣고 자기가 퇴짜 맞은 건 아니구나, 하며 안심한 기색을 비치다가 욕받이 1호를 의식하고는 나를 턱으로 가리키며 말한다.

"근데 친한가 봐?"

준호가 탁상 달력을 겨드랑이에 끼면서 노래를 부른다.

"동기사랑~ 나라사랑이죠."

그러고 나서 나한테 눈짓을 하더니 '안녕히 계십쇼!'하며 꾸벅 인사를 하고 사무실을 나간다.

동우와 준호의 '문제를 문제 삼지 않는' 위로 방법은 사소한 문제에도 동굴을 파고 들어가 인상만 쓰고 앉아 있는 우울하고 심약한 나에겐 직방으로 효과를 냈다.

나라는 동굴 안에 고여 있었던 이런저런 문제들은 키득키득하면서 동굴 밖으로 나오려다가 딱 한 발짝 내딛자마자 순식간에 증발되어 날아가 버렸다.

11시 30분.

오전 업무를 얼추 끝내놓고 포털사이트를 연다.

그리고 '서울대 9급'을 검색해 본다. 산 증인이 코앞에 있지만 이게 판타지는 아닐까, 실제로 있을 수 있는 일인가 싶어 증거를 찾아본다. 예상과 다르게 기사가 주르륵 뜬다.

'서울대 나와 9급 공무원으로… 충격'

'연봉 2500, 9급 공무원이 된 서울대생의 고백'

'서울대 자존심 깎였다 vs. 응원한다, 반응 엇갈려'

실화다. 모든 청춘들이 들어가려고 기를 쓰고 매달리는 대기업을 제 발로 박차고 나온 서울대생 준호가 연봉 2500만 원을 받게 된, 그 어떤 사정이 나는 너무 궁금하다.

점심시간.

우리는 정확히 11시 59분에 만나서 빠른 걸음으로 맥도날드로 걸어갔다. 정확히 13분에 도착해 18분에 햄버거를 손에 쥐고서 마주 앉았다.

현재 시간 12시 20분.

점심시간이 고작 40분밖에 안 남았다. 이번 점심식사의 목적을 달성하기 위해 서둘러 질문한다.

"너 서울대라며."

준호가 상하이 버거를 와아앙 한 입 베어 물면서 나를 쳐다본다.

"근데?"

나는 일단 감자튀김부터 입에 넣는다. 감자튀김 두 개를 엄지, 검지로 집어 소금을 톡톡 털고 입에 욱여넣으며 말한다.

"왜 말 안 했냐고."

"안 물어봤잖아."

"말할 기회 많았잖아."

"기회가 있으면 다 말해야 돼?"

"아니 그건 아니지….."

나는 일보 후퇴한다.

어디를 먼저 베어 물까 햄버거를 양손에 들고 요리조리 각을 재고 있는 준호를 보면서 생각한다. 역시 이놈은 서울대다. 만만한 상대가 아니다. 말발로 이길 수가 없다.

그래서 내가 가진 카드를 하나 더 꺼내놓기로 한다.

"너 대기업도 다녔다며."

준호가 이번엔 좀 움찔한다. 공격이 먹혔다.

"궁금해. 니가 지금 왜 여기 있는지. 여기서 왜 나랑 햄버거 먹고 있는지."

"누나가 햄버거 먹고 싶다며."

준호는 내 질문의 골자를 무시하고 나도 모르게 붙인 말의 사족을 물고 늘어진다.

"아니, 서울대 나와서 왜 9급 공무원을 하냐고."

"서울대 나오면 9급 공무원 하면 안 돼?"

이건 거의 소크라테스식 문답법이다. 자기의 것은 전혀 드러내지 않으면서 다시 재질문함으로써 질문자의 어리석음을 스스로 깨닫게 만드는. 역시 배운 놈.

말문이 막힌 나를 보며 준호가 말한다.

"그리고 나 이제 8급인데?"

벌써 12시 28분이다.

이렇게 변죽을 울리고 있을 때가 아니다. 나는 마음이 급하다.

궁금증을 해소하기 위해 유도심문을 시도한다.

"아니, 그럼 안 되는 건 아니지만 서울대는 우리나라 최고 대학교고… 9급 공무원은 너무 작은 꿈이 아닌가 싶어서…."

말을 끝내지도 않았는데 순간 아차 싶다. 급히 눈치를 본다.

내 하찮은 궁금증을 풀기 위해 준호에게 무례했다.

"작은 꿈? 꿈에도 크기가 있나?"

나는 대답하지 못한다.

"꿈은 그냥 꿈이야."

이제 준호는 내 얼굴을 보지도 않고 말하고 있다.

말이란 것이 한번 뱉으면 주워 담을 수 없다는 게 야속하다.

얼른 주워 담아서 꿀꺽 삼켜버리고 싶다.

상대가 아무리 까불대는 준호라도 3년이나 꽁꽁 숨겨 놨던 비밀을 들추기 위해 꿈의 크기를 운운하면서 주제넘는 질문을 하는 건 아주 경솔한 일이다.

나는 지체하지 않기로 한다.

"준호야, 미안해. 내가 괜한 걸 물었어. 대답 안 해도 돼."

준호는 말이 없다.

나는 계속 눈치를 본다.

"아, 그리고 아무한테도 말 안 할게. 나 친구도 별로 없어."

준호가 웃음을 참다가 캬캬캬 하고 웃는다.

"진짜 웃기다. 아니야 누나. 물어봐도 돼."

서울대생 9급 공무원은 한 템포 쉬고 고백을 시작한다.

"내가 서울대를 가긴 갔는데, 운이 좋았어."

나는 뭔가 더 나올 줄 알고 기다리는데 대답이 없다.

"그게 다야?"

"응."

"운이 어떻게 얼마나 좋으면 서울대를 가? 난 삼수를 해도 서울대 근처도 못 갔는데."

"몰라, 모르겠고. 어쨌든 내 나이 19살에 잭팟이 터졌어."

"응."

"그래서 어찌어찌 다니다가 대기업에 붙었는데 그것도 운이 좋았어."

이 자식이 또 시작이구나, 생각한다.

"아 진짜. 너 또 장난하지. 죽는다 진짜."

"아니 진짜로. 나도 왜 붙었는지 몰라. 서울대도 대기업도 왜 붙었는지 모른다고 전혀."

"그래 알았어. 계속 말해봐."

"그래서 첫 출근을 했는데. 나는 정시에 갔지. 9시 출근이면 8시 50분까지만 가면 양호한 거 아냐?"

"응 그렇지. 55분까지만 와도 컴퓨터 켜고 자리에 앉는데 3분이면 되지 뭐."

"근데 상사가 나를 불러서 회사의 기강도 있으니 8시 20분까지는 와서 선배님들 컴퓨터 세팅도 좀 해놓고 쓰레기통도 안 비워져 있으면 좀 비우고 하라는 거야. 그래서 '노력해 보겠습니다'라고 했다?"

"잘했네."

"근데 그때부터 시작됐어. 지옥 같은 괴롭힘이."

모두 부자가 꿈은 아니라고

"나중에 사표 쓰고 나올 때 그 부장님한테 가서 나한테 도대체 왜 그랬냐, 내가 무슨 죽을죄를 지었냐, 도저히 모르겠으니 그 것만 알려달라, 했더니 뭐라고 했는지 알아?"

나와 준호는 눈이 딱 마주친다.

"넵, 알겠습니다, 이게 아니라 '노력해 보겠습니다'라고 했 다고."

"그게 무슨 말이야?"

"노력해 보겠다는 말이 자기 권위에 대한 도전으로 느껴졌던 거지. 네가 감히? 감히 하늘 같은 내가 지시하는데 넵, 말고 다 른 대답을 해? 오늘 첫 출근한 주제에 바짝 엎드리진 못할망정 고개 빳빳이 쳐들고 뭐, 노력? 노오력? 새파랗게 어린 놈이. 니

가 노력 안 하면 어쩔 건데? 노력의 노자도 못 꺼내게 해주마,
하면서."

준호가 난데없이 1인 상황극을 한다. 그런 준호가 웃기면서도
괴롭힘의 이유가 어이없어서 말문이 막힌다.

"누나도 어이가 없어서 말이 안 나와? 나도 헛웃음만 나오더
라고."

"그럼 그것 때문에 관둔 거야?"

"그것도 있고. 울 아부지도 대기업에서 오래 일하고 명예퇴직
하셨는데. 남동생이 한 명 더 있거든. 걘 올해 고3이야."

"아, 응."

"근데 걔 학원비에, 학비에, 그리고 나랑 동생 장가 보낼 돈 모
아야 된다고 일자리를 또 찾으시는데 마땅한 일자리가 없어.
그래서 지금 마트에서 배달해서."

"응."

준호의 말을 들으며 나의 늙어버린 아버지를 떠올린다.

"젊었을 때는 매일 야근에, 의전에, 집에서 거의 얼굴 본 기억
도 없고 그나마 쉬는 명절에는 내가 바로 대기업의 누구누구
부장이다, 과장이다 하면서 만나는 친척들한테 의미도 없는
명함 돌리고 다니고, 결국엔 명예퇴직 압박받다가 정년도 한
참 못 채우고 나오고. 지금에야 마음잡고 잘 지내시지만 6개

월 넘도록 집 안에서 나오질 못했어. 높고 높은 꼭대기에 앉아 있다가 한순간에 바닥으로 추락하니까 뼈도 못 추리고 산산조각 난 거지. 작용이 있으면 반작용이 있는 것처럼 높이 올라갈수록 추락의 대가가 큰 거야. 그래서 난 올라가고 싶지가 않아. 내가 날 알아. 그 반작용을 견딜 만한 깜냥이 못 된다는 거."

말하면서 준호는 자기가 겪었던 가장 큰 반작용을 떠올린다. 대기업 박 부장의 그 지옥 같은 괴롭힘을.

나는 간만에 진지한 얼굴의 준호를 본다.

"그리고 그 추락은 보통 예고도 없이 찾아와. 안전장치를 마련해 놓을 새도 없이. 그냥 쌩으로 땅바닥에 처박히는 거야. 위에 남아 있는 누구누구들은 땅바닥에 널브러진 처참한 낙오자를 보면서 웃고 있겠지. 다음 차례가 자기인 줄도 모르고."

준호의 말을 듣고 있는데, 아까 포털사이트에서 검색한 기사의 부제가 떠오른다.

'9급 공무원, 대기업 신입사원 연봉 5000만 원의 절반 수준'

이어서 고등학교 동창 누구누구가 어느 대기업에 입사했고 연봉이 7천에 입사하자마자 벤츠를 뽑았다 하며 나돌아 다니는 풍문이 생각난다.

"준호야, 그래도 월급 차이가 어마어마하지 않아? 대기업 연봉 진짜 세잖아. 금방 부자 될 거 같던데."

준호는 나를 지그시 본다.

"난 부자가 되겠다고 생각해 본 적 없어."

"응?"

"세상 사람들이 모두 부자가 되고 싶은 건 아니라고."

우리는 콜라를 들고 눈이 마주친다.

"요즘은 부자가 되라고 강요하는 사회 같아. 벌어라, 더 많이 벌어라, 벌고 또 벌어라! 너의 체력, 시간, 그리고 마지막으로 마음 한편에 꼬불쳐 둔 여유도 모조리 갈아 넣어라! 그렇게 다 갈아 마셔 버리면 뭐가 남을까. 돈? 근데 만약 돈 쓸 체력도 없고, 시간도 없고, 여유도 없으면 뭐 하겠어. 고이고이 쌓아놨다가 저승길에 노잣돈으로 바리바리 싸들고 옥황상제나 만나러 가는 거지."

"그렇지 그렇지. 네 말이 맞아. 그럴 수도 있다고 생각해."

준호에게 또 실수를 할까 봐 스스로 단단히 단속한다. 고개를 끄덕끄덕 하면서 열심히 준호와 눈을 맞춘다.

"아하하하. 누나. 옹호할 필요 없어. 비난할 권리도 없는 거고. 그냥 이런 삶도 세상에 존재할 뿐이야. 그냥 받아들여."

이렇게 준호는 용의 꼬리가 되는 것보다는 뱀의 머리가 되길 선택했다. 모두가 용이 되고 싶은 건 아니다. 준호의 말대로 그런 인생도 있는 것이다.

준호는 햄버거를 만지작거리며 끄덕 하는 나를 보다 말한다.

"그럼 누나는. 이제 내 얘긴 그만하고 누나 얘기해 봐."

"어떤 얘기?"

"누나는 날 때부터 9급 공무원이 꿈이었어?"

어제 최리 주무관님 집에서 송 사장님이 내게 물으신 말과 똑같은 것을 묻고 있다.

나는 땅바닥을 응시하며 말한다.

"아니, 전혀. 이런 건 내 계획엔 없었어. 절대로."

준호가 또 기어들어 가는 목소리로 말하는 나를 지그시 보곤 옅은 미소를 지으며 말한다.

"그래, 누나. 원래 절대 계획대로 흘러가지 않는 게 인생이야. 처음부터 9급 공무원이 되기를 계획하고 이 자리까지 흘러온 사람은 별로 없을 거야."

그래. 계획대로 흘러가지 않는 게 인생이다.

준호도 준호 말대로 잭팟이 터져 서울대에 입학하고 대기업에 입사했을 때, 9급 공무원이 되리란 것을 계획한 적이 없을 것이다.

준호의 말을 들으면서 한편으로 답답해진다. 계획대로 되지 않는 게 인생이라면 나는 어떻게 인생을 살아야 할까. 그냥 주어지는 대로 주먹구구식으로 사는 수밖에 없는 것일까.

다시 시계를 보니 12시 49분이다.

나는 빛의 속도로 햄버거 잔해들을 정리한다.

"야야야. 일어나. 뛰어야 돼."

그렇게 슬리퍼를 직직 끌며 헐레벌떡 뛴다.

뛰면서 준호가 말한다.

"누나, 난 소 계장님처럼 될거야. 헥헥헥."

나도 열심히 뛰면서 대답한다.

"헥헥. 그 산신령?"

소 계장은 발소리도 없이 유유자적하게 다닌다고 해서 별명이 산신령이다. 머리도 염색하지 않아서 새하얗다. 옷은 주로 계량 한복 비스름한 것을 입는다. 뒷짐을 지고 청 여기저기를 소리 없이 다니면서 담빼꽁초 같은 걸 줍거나, 풀을 뽑거나, 청에 있는 모든 화분에 졸졸졸 물을 주고 계신다.

별실에서 고작 팀원 한 명을 데리고, 있는 듯 없는 듯 일하지만 급하거나 쫓기는 법이 없다. 항상 모든 걸 해탈하고 통달한 듯한 아우라로 허허허, 하고 다닌다.

"응. 그렇게 여유롭게. 이렇게 안 뛰고. 아, 힘들어."

"야, 그 별실이 뭐가 좋아. 퀴퀴하잖아."

"거기는 인간계가 아니라서 그래. 그곳은 속세에 찌든 인간들은 이해할 수 없는 세계야. 공무원이 최종 진화한 버전은 사무관도 아니고 서기관도 아니고 산신령이야."

헐레벌떡 뛰어와 정확히 12시 59분에 자리에 앉는다. 가쁜 숨을 몰아쉬기 바쁘고, 눈에 초점도 사라졌지만 일하는 척, 키보드 엔터를 중지로 탁탁 치면서 오늘 준호가 한 말들을 다시 한번 생각하는데, 두 문장이 목에 칵 걸린다.

꿈은 그냥 꿈이다.

꿈에는 크기가 없다.

이 짧은 문장이 목에 걸린 가시처럼 까끌까끌하다. 물을 한 모금 꼴깍 마시고 목을 쓰다듬으면서 수년 전의 현우와 나를 생각한다.

항상 하얗던 현우의 얼굴이, 이름이 무색하도록 어두워졌었던 그때를 생각한다.

그때.

현우의 오랜 꿈을 한순간에 잃고 말았던 그때.

날개가 부러진 새

친구 여정이를 통해 건너 건너 알게된 현우와 나는 서로의 마음을 확인하고 급속도로 가까워졌다. 아침에 만나고, 저녁에 또 만나고, 동이 틀 때까지 전화를 붙잡고 있어도 지치거나 힘들지 않았다. 오히려 무언가 더 채워지는 기분이었다.

그리고 이 열정은 연애에만 국한된 것이 아니었다. 현우에겐 열정을 쏟아부을 오랜 꿈이 있었다. 그리고 나를 만나자 그 꿈을 더 빨리 이루고 싶어졌다고 말했다.

한강의 어느 야외 수영장에서 일하던 현우는 밤이 되어 모두가 나간 빈 수영장에 나를 초대했다. 우리 둘은 나란히 앉아 수영장에 발을 담그고 손을 잡고 앉았다. 달빛이 수영장 물에 비쳐 반짝하며 출렁댄다.

현우가 나를 다정하게 쳐다보며 말했다.

"서기야. 나 이번 대회에서 꼭 입상하고 싶어. 순위 안에 들고 싶어. 그래서 꼭 지도자가 될거야."

그리고 어디선가 가져온 수건으로 젖은 내 발을 정성스럽게 닦아주면서 말했다.

"우리 부자돼서 이렇게 야외수영장 딸린 큰 집에서 행복하게 살자. 알았지?"

나는 별빛처럼 반짝이는 현우의 눈동자를 봤다. 그 눈동자에는 다양한 것이 들어 있었다.

나에 대한 애틋한 감정.

자신의 꿈에 대한 강한 열정.

이제는 혼자가 아니라 우리 둘의 꿈이 되어버린 현우의 간절한 소망과 같은.

현우는 남중, 남고를 졸업하고 체육특기자로 서울의 모 체대에 입학했다. 지방에 살던 현우는 서울로 혼자 올라와 꿈을 이루기 위해 죽기살기로 수영을 했다. 기록과 대회 경험이 있긴 했지만 큰 두각을 나타낼 정도는 아니었기 때문에 남들보다 두 배, 세 배 열심히 연습했다.

그런데 현우의 열정을 몸이 버티지 못했던 건지 종종 어깨가 빠져버리는 사고가 생겼다. 처음엔 한두 번이었던 탈골이 점점 습관성 탈골이 되면서 병원에서는 잠시 휴식을 권했다.

현우는 쉬고 싶었지만 도저히 그럴 수 없었다. 오늘은 가지 말아야지, 절대 안 가야지, 하면서도 어느새 수영장에 도착해서 수영복을 입고 물안경을 쓰고 있는 자신을 발견했다. 그래서 현우는 이대론 정말 큰일 나겠다 싶어 아예 수영장에 갈 수 없는 환경을 만들자고 결심했다. 서울에 올라온 지 1년 만에 현우는 군대에 가기로 결정했다.

군대에서도 현우는 온통 어깨 관리에만 신경을 썼다. 항상 조심하고 조심하면서 매일 밤 자리에 누워 갈 수 없는 수영장을 상상했다. 파란 수영장에서 튼튼한 어깨로 힘차게 수영하는 자신의 모습을 매일 상상했다. 그리고 꿈에 그리던 전역을 하고 현우는 다시 수영장으로 돌아왔다. 2년간 휴식을 취한 어깨는 꽤 짱짱해져 있었다.

현우는 기뻤다.

꿈을 이룰 수 있을 것 같았다.

조금만 손을 뻗으면 가질 수 있을 것 같았다.

그리고 그때 즈음 나를 만나게 된 현우는 마음이 급해졌다. 아무것도 쥐고 있지 않아서 얼른 무언가를 손에 쥐고 싶었다. 내세울 게 있는 사람이 되고 싶었고, 좀 더 멋있는 사람이 되고 싶었다. 그래서 곧 참가하게 될 수영대회 준비에 더욱더 박차를 가했다. 매일매일 연습하고 또 연습했다. 2년간 참고 참았던 수영을 원 없이 했다.

대회가 가까워져 오자 현우는 자주 가던 수영장에 나를 데리고 갔다. 그때 현우가 수영복을 입고 수영하는 모습을 처음 봤는데, 나는 사실 그때서야 처음으로 현우에게 반하고 말았다. 자신이 정말 원하고 좋아하는 어떤 것을 마음껏 하고 있는 현우의 모습은 말 그대로 물 만난 물고기 같았다. 문어 마녀에게 목소리를 팔아넘기기 전의 순수한 인어 같기도 했다. 어떤 것에 정말로 온 열정을 다해 열중하는 모습이 너무나 예뻤다. 아름다웠다.

대회가 코앞으로 다가온 어느 날, 아침에 일어나서 핸드폰을 확인했는데 현우에게 카톡이 와 있었다.

　[현우] 서기야. 나 지금 응급실인데 와줄 수 있어?

무슨 일인가 싶어 눈도 다 못 뜨고 답장한다.

　[이서기] 무슨 일이야?

[현우] 나 어깨 빠졌어.

잠시 갸우뚱한다.

어깨가 빠지는 일은 현우에겐 워낙 자주 있던 일이라 웬만하면 병원에 가지 않고 스스로 해결한다고 했다. 그렇다면 이 새벽에 응급실까지 갔다는 건 단순한 탈골이 아니란 소리다. 현우에게 어떤 사달이 난 게 분명하다. 나는 침대에서 벌떡 일어나 대충 캡모자를 눌러쓰고 지갑과 핸드폰만 챙겨 급하게 집을 나선다.

병원에 도착하니 현우는 검사를 마치고 일반병실로 옮겨져 있었다. 현우가 6인실 끄트머리 침대에 병원복을 입고 왼쪽 팔에 간이 깁스를 하고서 앉아 있다. 나는 빠른 걸음으로 걸어오느라 가빠진 숨을 크게 들이켰다 내쉬면서 현우의 자리로 와서 묻는다.

"괜찮아?"

현우가 나를 올려다본다. 뭔가 중요한 걸 잃어버려서 망연자실한 표정을 하고서.

그때, 대각선 쪽 침대에 누워 있는, 다리 깁스를 한 환자와 이야기를 나누던 의사가 우리 쪽으로 걸어온다.

"보호자세요?"

"아…."

나는 현우를 본다. 그리고 얼떨결에 '네'라고 대답한다.

"혹시 큰 문제 있나요?"

"큰 건 아닌데 관절와순 파열이에요."

"환자분 2년 전에 약물치료 하셨죠? 그때 좀 호전됐는데, 지금
은 정도가 좀 심해서 수술을 해야 돼요."

나는 또 다시 고개를 갸우뚱한다. 와순이라는 것은 생전 처음
들어본 단어다. 의사 선생님이 물음표가 새겨진 내 표정을 보
고 현우를 한번 쳐다보더니 다시 설명한다.

"어깨가 갈렸어요. 쉽게 말하면 그렇고요. 간단한 수술이라 일
상생활엔 지장 없어요. 근데 재활은 좀 해야지. "

나는 당황한다.

"선생님 일주일 후에 수영대회가 있는데… 수영할 수 있
나요?"

의사가 어이없다는 듯이 웃는다.

"수영을 어떻게 해요. 와순 봉합하면 당분간 팔이 머리 위로
올라가지도 않을 건데? 아. 부분 절개니까 흉터는 크게 안 남
아요."

병실을 나가려는 의사 선생님을 이대로 그냥 가게 놔두면 안
될 거 같아서 급하게 하얀 옷소매를 붙잡는다.

"선생님 그럼 수영은 언제 할 수 있어요? 해야 돼요… 수영 해야 되는데….”

의사 선생님이 나에게 옷을 잡힌 채로 현우를 잠깐 응시하더니 말한다.

"아, 선수예요? 아마추어? 그럼 관리를 더 잘했어야지. 선천적으로 좀 약한 부분일 수도 있고 그쪽 어깨가. 회복하고 재활하는 데 좀 걸릴 건데. 일단 안정을 취하세요.”

나는 손으로 입을 막는다.

지금 의사의 말은 현우에게 사형선고나 다름없다. 현우는 수영 그 자체를 본인의 인생으로 여겼다. 지금 현우는 삶을 통째로 잃어버렸다.

나는 현우를 본다. 환자복을 입은 현우만 봐도 눈물이 나올 것 같은데, 이제껏 본 적 없는 현우의 그늘진 회색 얼굴 때문에 가슴이 쿡쿡쿡 누가 찌르는 것처럼 아프다. 나도 모르게 이미 눈물이 줄줄줄 나오고 있다.

난 눈물을 닦으면서 말한다.

"괜찮아. 재활하면 돼. 하면 되잖아. 응? 할 수 있어.”

현우는 말이 없다.

평소처럼 현우를 만지고 싶은데 그럴 수가 없다. 손을 댔다간 와르르 무너져 버릴 것 같다.

나는 현우에게 다가가지 못하고 두 손으로 얼굴을 감싼다. '관리를 잘했어야지'라는 말이 '너는 이미 돌아올 수 없는 강을 건넜어. 후회해도 소용 없어'라는 말로 번역되어 들리자 나는 바로 무너져버린다.

"어떡해 진짜. 어떡하냐고!"

계속 우는데 현우가 그제야 눈물이 그렁그렁한 눈으로 나를 본다. 다치지 않은 오른팔로 내 손목을 잡으면서 말한다.

"울지 마."

나는 이때 배웠다. 진짜 울고 싶은 사람 앞에서 먼저 울어 버리면 안 된다는 것을.

이렇게 현우는 하루아침에 날개를 잃었다.

20대가 영원한 건 아니잖아

현우가 수술실에 들어가던 날, 수술방 앞 의자에 우두커니 앉아 있는데 모르는 번호로 문자 한 통이 왔다.

— 현우 엄마예요. 내가 일이 있어서 못 가는데 우리 현우 보살펴줘서 고마워요.

한 시간 정도의 수술 시간 동안 현우와의 기억이 주마등같이 스친다. 파란색 줄무늬 티에 컨버스를 신고 까까머리를 한 채로 내 앞에 앉아 신이 나서 수영 이야기를 늘어놓던 그 하얀 얼굴, 하얀 표정.
우리 둘만 있는 어두운 한강 수영장에서 내 발을 닦아주며 자기의 꿈을 이야기하면서 초롱초롱 반짝이던 눈동자.

한참 수영 연습을 하다가도 앉아 있는 나를 찾아 활짝 웃어 보이던 얼굴.

나는 눈을 질끈 감는다.

감은 눈꺼풀 때문에 눈물이 한 방울 뺨으로 흐른다. 그렇지만 지금부턴 현우 앞에서 울지 않겠다고 다짐하며 눈물을 닦는다. 힘들어하는 현우를 위해서는 내가 강해져야 한다고 생각한다. 감정적인 내가 순식간에 냉정해진다. 냉정해진 이성은 눈 속의 눈물을 말린다.

이제 다른 생각은 할 필요가 없다. 핸드폰을 열어서 수영 선수 어깨, 와순 파열, 재활 등을 검색한다. 그러는 동안 순식간에 수술 시간이 지나간다.

수술을 마치고 병실로 실려 온 현우가 시체처럼 창백하다. 떨리는 손으로 현우의 볼을 쓰다듬어 보는데 너무나 차갑다. 얼음장 같다.

내 손이 이상한가 싶어 내 볼을 만져본다.

내 볼과 내 손은 따뜻하다. 살아 있다.

너무 무섭다. 조금 전 울지 않겠다던 굳은 다짐이 무색하게 또 눈물이 줄줄 나온다. 눈물을 닦으면서 현우에게 링거를 주렁주렁 달아주고 있는 간호사에게 묻는다.

"선생님, 손이 너무 차가운데 죽은 거 아니죠?"
간호사가 '얘는 무슨 이상한 소리를 하고 있어' 하는 표정을
한다.
"수술방 온도가 낮아서 그렇고요. 이상 없어요."
덜렁덜렁 힘없이 창백한 현우의 손등에 이것저것 뾰족한 바늘
을 꽂고 테이프를 착착 붙인 간호사는 유유히 병실을 나간다.

나는 침대 옆에 앉아 현우의 팔을 잡는다. 차가운 팔을 열심히
주물러 본다. 얼른 살아나라고, 따뜻해지라고 이제는 주체할
수도 없는 눈물을 닦으면서.
병실에 시체처럼 누워 있는 현우를 보면서 수년 전 관절수술
을 받고 며칠 동안 깨어나지 못했던 엄마를 떠올린다. 내 하늘
이자 그늘이고, 나를 언제나 아낌없이 사랑하던 두 사람.
이 순간 나는 두 사람을 걱정하는 것이 아니라, 이 두 사람을
잃은 나를 걱정한다. 현우의 팔을 주무르고 있으면서 동시에
지독히도 이기적인 나를 혐오한다.
하지만 어쩔 수 없다. 두 사람이 없으면 난 살아갈 수 없다. 두
사람이 없이 혼자 살아가기엔 난 너무 약한 존재다. 살려야 한
다. 꼭 살려내야 한다.
나는 자리에서 벌떡 일어나 수건을 챙겨 화장실로 가 따뜻

한 물에 적셔온다. 따뜻한 수건으로 현우의 몸을 열심히 닦아 본다.

일어나. 제발 일어나, 하고 아무 신에게나 빌면서.

그렇게 몇 시간이 지나고 창백해진 현우의 얼굴에 혈색이 돌아오고 파랬던 입술에 피가 돌았다.

현우가 드디어 무거운 눈꺼풀을 뜬다.

초점 없는 눈동자로 천장을 멍하게 보면서.

병실에서 현우를 처음 봤을 때 물었던 질문을 그대로 한다.

"괜찮아?"

마취에서 덜 깬 현우가 고개를 살짝 돌려 나를 보고선 *끄덕끄덕*한다. 휴우, 하고 털썩 자리에 앉는다.

몇 분 후 정신이 돌아온 현우는 앉아 있는 나를 보곤 말한다.

"또 울었어? 울지 말라고 했잖아."

"아냐. 안 울었어."

나는 현우의 손목을 잡는다.

"내가 찾아봤는데, 재활만 잘하면 된대. 잘하는 재활병원에도 전화해 봤어. 그러니까 너는 괜찮은 거야. 걱정 안 해도 돼. 알았지?"

너무 울어서 콧물이 가득 맺혀 꽉 막힌 코를 훌쩍이며 말하는데 현우는 대답도 안 하고 천장만 올려다본다.

대답을 안 하는 현우가 불안하다. 현우의 머릿속이 불안하다. 도대체 무슨 생각을 하는 건지 초조하다. 그게 위험한 생각이라면 얼른 그 회로를 끊어놓아야 한다.

"우리 아직 젊잖아. 20대잖아. 할 수 있어. 응?"

현우는 아직 마취가 덜 깨서 둔한 말투로 조용히 읊조린다.

"20대가 영원하진 않아."

그렇게 몇 분이나 멍하게 있던 동우는 시계를 보더니 고개를 돌려 내게 말한다.

"너 이제 집에 가. 너무 늦었어. 어머니 걱정하셔. 그리고 이제 오지 마. 너 이번 주 수업 다 빼먹었잖아. 곧 있음 시험 기간인데."

"좀 빼먹어도 돼. 그 정돈 괜찮아."

"안 돼. 안 괜찮아. 내일 오면 진짜 화낼 거야."

현우가 단호한 얼굴을 한다.

현우를 만나면서 나는 내가 눈물이 많은 사람이라는 것을 알게 되었다. 현우의 단호한 얼굴, 냉정한 말투에 눈물이 나온다. 나를 위하는 그 마음이 어떤 건지 잘 알면서도 괜히 서운하고 섭섭하다.

그래도 울지 말라는 현우의 말을 들어주고 싶다. 눈물이 나와도 안 나오는 척 웃으면서 가방을 챙긴다.

"그럼 나 금요일에 시험 끝나고 올게. 그전까지는 전화할 테니까 쉬고 있어. 알았지?"

현우는 끄덕끄덕하면서 말한다.

"금요일에 시험 몇 시야?"

"11시야. 한 시간 걸리니까 여기 도착하면 한 시쯤이겠다. 점심 같이 먹자."

"그래. 조심히 가. 들어가서 연락 남겨."

그대로 나오려다가 뭔가 더 말을 해야 할 것 같아서 잠깐 서 있는다.

"왜 서 있어. 안 가?"

난 한참 누워 있는 현우를 본다. 그리고 입을 연다.

"현우야 아프지 마"하며 안심한 표정과 슬픈 표정을 동시에 짓는다. 현우가 그런 나를 보면서 끄덕끄덕 하다가 미소 짓는다.

나도 웃는다.

현우의 옅은 미소에 조금 안심이 되지만 어딘가 모르게 어두운 회색빛 얼굴이 자꾸만 신경 쓰인다.

그렇게 정신없이 기말고사를 봤다.

금요일 아침, 마지막 시험을 치기 전에 현우에게 전화를 했다. 두 번, 세 번 걸어도 현우는 전화를 받지 않았다. 초조했지만 시험이 끝나고 직접 달려가서 보면 되지, 하는 생각으로 마음을 다독이며 강의실에 들어가 시험을 봤다.

시험지에 내가 무슨 말을 쓰는지도 모를 정도로 대충 아무 말이나 써놓고는 30분 만에 나와서 지하철역으로 뛰어갔다.

그때 문자 한 통이 온다.

현우다.

　[현우] 서기야. 나 본가에 내려가.
　잘 있을 거니까 걱정하지 말고, 너도 잘 지내.

나는 자리에 그대로 서서 얼음이 되었다. 가까스로 정신을 차리고 현우에게 다시 전화를 걸어본다.

　— 전화기가 꺼져 있어 소리샘으로 연결됩니다.

어떤 절망감이 순식간에 나를 덮친다.

문자 메시지 속의 '잘 지내'라는 말이 영영 돌아오지 않겠다는 말로 들린다. 눈물이 난다.

꺼져 있는 전화기에 어차피 확인되지도 않을 문자를 보낸다.

　[이서기] 왜?

　[이서기] 언제까지?

　[이서기] 언제 올 건데?

　[이서기] 이렇게 말도 안 하고 가는 법 있어?

현우가 가버렸다는 사실을 믿고 싶지 않다.

다시 전화해 본다.

네 번, 다섯 번… 열 번 해본다.

계속 그대로 꺼져 있다.

전화를 걸면 걸수록 믿고 싶지 않은 사실이 점점 믿어야만 하는 사실이 된다. 나는 무너진다. 사람들이 바쁘게 지나다니는 지하철역 앞 한복판에 그대로 주저앉는다.

길을 잃은 미아가 돼서 울면서 또 문자를 보낸다.

　[이서기] 네가 없는데 내가 어떻게 잘 지내….

현우는 그날 이후로 한 달이 다 되도록 한 번도 연락이 닿질 않았다. 핸드폰은 계속 꺼져 있었고 난 애가 타서 미칠 것 같왔다. 밥도 못 먹고 물도 안 넘어갔다.

어떻게 해야 할까.

누구에게 연락해야 할까.

현우의 다친 어깨는 어떤지, 위험한 건 아닌지.

혹시 나쁜 생각을 하는 건 아닐지.

도대체 누구에게 물어볼 수 있을까.

열심히 핸드폰을 뒤져서 현우와 찍은 사진을 하나하나 확대하며 샅샅이 살펴본다.

하지만 현우의 주변에 대해 아는 게 하나도 없다. 현우의 친구 번호 하나 제대로 아는 게 없다. 그동안 현우와 많은 것을 나누었다고 생각했는데 사실 그리 많은 것을 나눈 것도 아니었다. 헛웃음이 나온다.

나는 일단 여정이에게 전화를 걸어 사정을 말해보기로 한다.

내 사정을 들은 여정이가 말한다.

"그럼 내가 동아리 사람들한테 한번 물어볼게."

한 시간 뒤 여정이에게서 다시 전화가 걸려왔다.

"현우 학교에 휴학계 내고 잠수탔대. 연락되는 사람 아무도 없다는데? 진짜 무슨 일 있는 거 아냐?"

"알았어. 고마워."

그렇게 답답하기만 한 한 달이 지나갔다. 나는 그 한 달 동안 식음을 전폐하며 거의 폐인이 되어버렸다. 오지 않는 현우의 전화를 기다리고 기다리다가 이제는 포기하기로 했다. 친구들에게도 현우와는 헤어졌음을 선포했다. 거울을 보니 몰골이 말이 아니다.

남자는 남자로 잊으면 되지, 하는 이상한 생각을 하며 그동안 씻지도 않고 누워 있던 몸뚱이를 일으키는데 핸드폰이 울린다.

어떤 본능적인 예감에 자세를 고쳐 앉는다.

02-000-0000

뭘까.

이 쎄한 느낌은.

조심스럽게 통화 버튼을 누르고 핸드폰을 귀에 밀착시킨다.

그리고 아무 말도 하지 않는다.

발신자도 말이 없다.

3초간의 정적.

나는 그 사이를 참지 못하고 먼저 입을 뗀다.

"여보세요?"

대답이 없다.

설마 장난 전화인가.

나는 인상을 쓰면서 잔뜩 짜증난 투로 되묻는다.

"여보세요? 누구세요?"

이번에도 대답이 없자 아씨, 하면서 끊으려는데 발신자가 드디어 입을 연다.

"서기야."

난 또 환청인가 싶어 주위를 둘러보다가 다시 전화기에 대고 묻는다.

"네?"

"나야…."

익숙한 목소리.

현우다.

인생의 두 번째 경기에서는 꼭 이겨야 해

현우 목소리를 들으니까 순간 별의별 생각이 다 든다.

제일 먼저 0.1초 정도는 안심한다. 죽은 건 아니고 잘 살아있구나. 0.2초부터는 부득부득 이가 갈린다. 스멀스멀 열이 받는다. 뚜껑이 점점 뜨거워진다.

지금까지 뭐하다가 이제 전화했지?

두 달 넘게 울며불며 걸었던 수백 통의 전화.

꾹꾹 눌러 담아 보냈던 수십 통의 절절한 문자.

그 모든 걸 깡그리 씹어먹어 놓고서 '나야?'라고?

너무 괘씸하다.

작은 복수라도 해야 속이 좀 시원할 것 같다.

나는 기억상실증에 걸린 연기를 해보기로 한다.

"네? 누구시죠?"

발신자가 멈칫한다.

"이서기 씨 핸드폰 아닌가요?"

"맞는데 누구시냐고요."

"서기야, 나야. 현우."

"그니까 그게 누구냐고요. 저 아세요?"

발신자가 잠깐 말이 없다가 울먹이는 목소리로 말한다.

"서기야 왜 그래. 나잖아… 나…."

전화기 넘어 현우의 울음 섞인 목소리에서 내가 느꼈던 것과 비슷한 고통이 전해진다. 내 뚜껑은 폭발해 버리려다가 피슝 하고 김이 새버린다.

10초간 묵묵부답을 이어가다 화가 좀 누그러진 채로 말한다.

"그래서 너면 어쩌라고? 그렇게 가차없이 버리고 갈 땐 언제고?"

"내가 언제 널 버려. 널 어떻게 버려."

현우의 말에 나도 울컥한다.

그래도 눈물을 꾹 참고 본격적으로 푸닥거리를 놓기 시작한다.

"왜 전화했어?"

"보고 싶어서."

"그럼 왜 그동안 전화 안 했어?"

"더 보고 싶을까 봐."

뫼비우스의 띠 같은 말이 이어진다. 그렇게 무한히 돌아가는 딜레마 속을 헤매고 다니다가 결국 내게 전화를 하고 말았다고 한다.

나는 어이가 없어서 웃음이 나온다. 근데 웃음 한 번에 내 머리통에서 끓어오르던 냄비가 순식간에 식어버린다. 전형적인 양은냄비 재질이다. 이젠 더 이상 환영이 아니라 실체가 있는 현우의 목소리를 들을 수 있다는 안도감에 내가 그동안 울면서 준비했던 비수 같은 말들이 순식간에 녹아 없어졌다.

동시에 전화번호 02의 출처가 몹시 궁금해 졌지만 이 정도로 푸닥거리를 끝낼 순 없다. 조금 더 혼꾸멍을 내주고 싶다. 그래서 아직은 내가 화가 났다는 표시로 일부러 한숨을 푹 쉬면서 질문한다.

"하아. 너 진짜 갖가지로 사람 힘들게 한다. 근데 왜 번호가 02야? 본가 내려간다며."

"나 노량진이야. 서울 왔어."

현우는 두 달간 밀렸던 본인 신상에 관한 보고를 내게 올리기 시작한다.

현우는 어깨를 잃고서 자신을 모조리 잃어버렸다고 생각했다. 단순히 오래 꿈꿔온 소망 하나를 저버린 것이 아니라, 자기의 존재 자체가 산산조각 나버렸다고 생각했다. 한순간의 사고로 무참하게 갈려버린 어깨처럼 말이다.

순간 공황상태에 빠졌다가 병원에서 눈을 떴을 때는 사실 눈에 뵈는 게 없었다고 했다.

난 이제 살 이유가 없어, 난 끝났어, 하면서 깊은 허무주의에 빠져서 수술시간 내내 옆에 있어준 내가 눈에 보이지 않았다고 했다.

솔직하게 고백하면서 떨리는 목소리로 현우가 말을 잇는다.

"미안해. 내가 미안해. 다 내 잘못이야. 내가 잘못했어."

현우의 고백을 들으면서 문어 마녀에게 목소리를 빼앗기고 바다로 돌아가지 못한 채 평생 벙어리로 살아가는 인어공주 이야기가 떠올랐다. 현우가 말한다.

"나 공부하려고 노량진에 들어왔어. 소방공무원 시험볼 거야. 사실은 나, 여기 들어온 지 한 달 다 되어가."

나는 병실에서 어깨에 붕대를 감고 시체처럼 누워 있던 현우를 떠올린다.

"아니 알겠는데. 좀 쉬고 회복을 해야지 수술한 지 한 달 만에 무슨… 왜 그렇게 급해?"

"두려워서."

"뭐가?"

"내가 쓸모없어지는 게. 이렇게 잉여인간이 되는 게, 난 너무 두려워."

날개가 꺾여 더 이상 날 수 없는 새가 계속해서 말한다.

"내가 있을 곳이 수영장이 아니라면 난 경쟁력을 잃었어. 난 쓸모가 없어졌어."

나는 마음이 아프다.

"쓸모가 없다니. 어떻게 그런 말을 해. 모든 인간은 태어난 것 자체로 기적…" 하면서 말을 마무리하려는데, 현우가 단호한 말투로 내 말을 끊는다.

"아니. 세상은 그렇게 아름답게 돌아가지 않아. 수영장 안에서도 0.01초 차이로 기록이 뒤바뀌고 1등, 2등이 갈리는 마당에 수영장 밖은 더 심할 수밖에 없어. 세상은 절대 나한테 자비롭지 않아."

현우는 한순간에 무자비하게 어깨를 빼앗긴 자신을 생각한다.

"재활하면 되잖아. 의사가 그랬어. 아예 불가능한 건 아니라고."

"고작 그 몇 퍼센트 가능성에 내 인생을 걸고 희망고문하기 싫어. 잘못된 방향으로의 노력은… 시간 낭비일 뿐이야."

"잘못된 방향이라니. 확실해?"

현우는 몇 초간 말이 없더니 덤덤한 말투로 털어놓는다.

"응. 누구보다 내가 잘 알아. 이 어깨로 수영장에 계속 있는 건 그냥 내 고집이야. 사실 고등학교 때부터 알고 있었어. 내 왼쪽 어깨 아슬아슬했던 거. 근데 애써 외면했어. 난 수영이 너무 좋으니까. 수영할 때가 제일 행복하니까."

돌아올 수 없는 강을 건너버리고 망연자실한 표정을 하던 현우를 생각하니 눈물이 나오려고 한다.

"사실 결말은 정해져 있었어. 그 시기가 좀 빨랐던 것뿐이야."

현우는 제주도에서 작은 세탁소를 하며 동생 둘을 키우고 있는 부모님을 떠올린다. 점점 기운이 떨어지고 왜소해지는 부모를 생각한다.

"그리고 나는 젊다고 해도 부모님은 이제 젊지 않아. 동생도 둘이나 있고. 나까지 짐이 될 순 없어."

현우의 고백에 늙어가는 나도 아빠와 엄마를 떠올린다. 아무 대답도 못 하고 듣고만 있다.

"수영을 못 한다고 내 인생이 끝난 건 아니니까. 어떻게든 살아야 하잖아. 뭐라도 되어야 하잖아. 그래야 너를 만나지. 난 이제 아무것도 아니잖아. 아무것도 아닌데 너를 만날 순 없잖아."

현우 말대로 어깨를 잃었다고 삶이 끝나는 건 아니다. 야속하
게도 해는 다시 뜨고 아침이 온다. 시간은 흘러가고 인생은 계
속된다. 방향을 잃은 내비게이션처럼 제자리만 맴돌던 현우는
다시 방향을 찾아야 했다. 새로운 꿈을 찾아야 했다.
그렇게 찾아낸 현우의 두 번째 꿈은 소방관이 되는 것이었다.
현우는 계속 말을 잇는다.
"수영은 연습게임이 있지만 인생은 그렇지 않아. 매 순간이 실
전이야. 그렇다면 난 내 인생 첫 번째 경기에서는 완전히 졌어.
두 번째 경기에서는 꼭 이겨야 해. 그래서 여기에 들어왔어. 너
한테 말도 안 해서 미안해."
현우의 고백에 방금까지 마음이 녹았다가 미안하다는 말에 갑
자기 또 양은냄비처럼 금세 열이 받는다.
"나 너 때문에 너무 힘들었어."
"나도야."
"그럼 전화는 왜 안 되는데?"
"핸드폰 꺼서 본가 내 방 서랍에 넣어놓고 올라왔어."
"왜 그렇게까지 해? 왜 잠수를 타냐고. 연락은 할 수 있었
잖아."

"마음 약해질 거 같아서. 너랑 문자하면 전화하고 싶고, 전화하면 만나고 싶고, 만나면 헤어지기 싫잖아. 그럼 공부는 언제 하고 소방관은 언제 되고 너랑 결혼은 언제 해."

"야, 내가 언제 너랑 결혼한대? 너 진짜 웃긴다."

"결혼 안 해? 혹시 다른 사람 만나?"

"뭐?"

"혹시… 다른 사람 만날 거냐고."

"다른 사람 만나면 뭐 어떤데? 그러지 말라고 할 권리 있어?"

현우가 말이 없다.

"그럼… 1년만 다른 사람 만나고 1년 후엔 나 만날 거야?"

현우의 목소리에서 현우가 갑자기 소리 없이 사라졌을 때의 내 애타는 마음과 비슷한 것이 느껴진다. 하지만 나는 새로운 꿈을 찾아서 이제 막 길을 떠나려는 현우에게 마음의 짐이 되거나 고통을 주고 싶진 않다.

"아니야."

"응? 1년 있다가도 나 안 만나?"

"아니. 다른 사람 안 만난다고. 어차피 못 만나."

"왜 못 만나?"

"나도 몰라. 그냥 그렇게 됐어."

우리는 잠시간 말이 없다.

나는 다시 묻는다.

"그래서 지금 어딘데? 방값은 어떻게 마련해? 알바해?"

"어머니가 조금씩 모아두신 돈으로 도와주셨어. 난 꼭 붙어야
해. 꼭 갚아야 해."

나는 대답한다.

"응. 갚아야지."

"이제 더 이상 갈 곳도 없어. 여기도 어렵게 구했어. 원래 35만
원인데 집주인 할머니가 멀리서 왔다고 2만 원 깎아주셨어. 이
고시원을 나가야 하는 경우는 딱 하나야. 소방관이 돼서 소방
학교 가는 것. 다른 선택지는 없어."

나는 잠시 말을 멈추고 생각에 빠진다.

한순간에 잃어버린 현우의 어깨처럼 현우가 소원하던 인생의
화려한 선택지들은 신기루처럼 사라졌다. 모든 것이 연기처럼
사라진 그 자리에 마지막으로 남은 단 하나의 선택지는 내가
뉴스에서나 보던 좁디좁은 고시원 방 한 칸이었다.

그 초라한 공간은 25살 건장한 청년의 몸을 누이기에는 좁을
지 몰라도 이제 막 새 출발을 시작한 청년의 꿈을 담아내기엔
그리 작은 것도 아니었다.

현우는 밤마다 발도 제대로 뻗지 못한 채 누워서 부모님과 동

생들과 그리고 이젠 현우의 일부가 되어버린 내 사진을 열어
보며 이젠 더 이상 화려하지는 않을지라도 오손도손 행복할
두 번째 미래를 꿈꾸고 있었다.

현우가 내게 말한다.

"그런데 나 너한테 연락 안 한 거 아니야. 연락했어. 많이."

"무슨 소리야 난 한 번도 받은 적 없는데. 꿈속에서나 했겠지."

"메일. 이메일 많이 보냈어. 학원 인강실에서."

"이메일?"

나는 책상으로 가 노트북을 열어 이메일을 확인한다. 이메일
이 50통도 넘게 쌓여 있다.

  — 잘 지내? 보고 싶어.

  — 추운데 옷 따뜻하게 입고 다녀. 너 추위 많이 타잖아.

  — 어떻게 지내. 오늘도 보고 싶어.

나를 향한 현우의 그리움이 한꺼번에 읽을 수도 없을 정도로
가득가득, 메일함에 그대로 쌓여 있다. 나는 또 눈물이 난다.

"이메일을 내가 언제 본다고 이렇게 보내. 팀플하면서 자료 주
고받을 때나 열어보는데."

"답장 올 거라고 기대하고 보낸 건 아니야. 그냥 너 생각날 때

마다 보낸 거야. 내가 미안해. 이메일 또 보낼게. 답장해 줄
거야?"

"그게 뭐야. 지금 나랑 펜팔이라도 하자고?" 하면서, 나는 생각
한다.

좁은 고시원에서 피곤한 몸을 구기고 누워, 얼룩이 켜켜이 쌓
인 누렇고 낮은 고시원 천장에 소방관이 되겠다는 새로운 꿈
을 그리고 또 그리고 있는 현우의 모습을.

나는 눈물을 닦고 결심한다.

현우의 새 출발을 응원해 주기로.

"그래. 우리 펜팔하자. 맘 약해지지 마. 그리고 다신 전화하지
마. 붙을 때까지."

당신이 월 200만 원도 못 버는 이유

여느 때처럼 어디선가 걸려온 난데없는 독촉 전화를 받고 생
전 처음 보는 엑셀 파일을 열어 2년 전의 문서등록대장을 뒤져
가며 공란 채우기에 열중하던 그때, 한 통의 전화를 받는다.

"감사합니다. 노운구청 2팀 주무관 이서기입니다."

"감사실인데요, 박지연 주무관님이 누구죠?"

나는 내 옆 옆자리에 앉은 수습 주무관님을 본다.

"아, 안녕하십니까. 저희 팀 수습 주무관님입니다."

"그래요? 수습이요….."

감사관이 왜 수습 주무관님을 찾는 건지 고개를 갸우뚱하면서
이어질 대화를 기다린다.

"그럼 그 수습 주무관님 관리자는 누구죠?"

"그건 접니다."

나는 우리 팀 수습 주무관의 복무를 관리하고 일일보고를 맡아서 하고 있다.

"성함이?"

"이서기입니다."

"신규 주무관님이세요?"

"아니요. 8급입니다."

뭔가 잘못되고 있음을 직감적으로 느낀다.

"그럼 지금 두 분 올라오세요."

전화를 끊고 수화기를 탁 놓는데, 박 계장이 다급하게 내 자리로 와 촐싹대며 질문을 퍼부어 댄다.

"왜요? 감사장이에요? 오래요? 뭐 땜에? 응?"

"저도 모르겠어요."

박 계장에게 대충 대답을 던지곤 박지연 주무관을 보며 말한다.

"주무관님, 저랑 같이 올라가셔야 할 것 같아요."

내 앞에 미어캣처럼 서 있는 박 계장에게 어두운 목소리로 '다녀오겠습니다' 하고 나서 수습 주무관님을 데리고 사무실을 나선다.

지금 우리 청은 감사 중이라 본관 3층에 감사장이 차려져 있다. 그리고 오늘은 감사 마지막 날이다.

일렬로 줄지어 차려진 책상에 쭈르륵 앉아 있는 감사관들은 각자의 책상에 쌓이고 쌓인 하얀 서류철들을 코를 처박고 열심히 들여다본다. 감사관들은 하나같이 회색빛 얼굴에 살쾡이 같은 눈빛을 하고 있다. 그중 제일 무서워 보이는 대장 살쾡이는 양옆에 앉아 있는 살쾡이 주니어들을 데리고 건물 뒤편의 후미진 곳으로 나가 한 시간에 한 번씩 담배를 뻑뻑 피워댄다.

감사라는 것은 지난 3년간 알면서도 눈 질끈 감고 모른 척하며 해오던 일이나, 이번만 넘어가자고 어물쩍 버무렸던 일들이 수면 위로 드러나 낱낱이 해체되는 과정이다.

이번 감사에서도 직원 대부분이 그렇게 도마 위에 올라 무참하게 살과 뼈가 발라졌다. 적게는 하나, 많게는 두세 장까지 경고 또는 주의장을 받았다. 폭탄 돌리기를 하는 듯 나만 아니면 돼, 하면서 나뭇잎인 척 숨죽이고 있던 사마귀들도 결국 하나둘씩 포식자 거미의 촘촘한 거미줄에 걸려들어 덜미를 잡혔다.

유난히 조용한 사무실에 감사장으로부터 삐리리리리 걸려오는 전화는 무시무시한 염라대왕의 부름을 받는 것과 같았다. 그 부름을 받은 직원들은 다들 도살장에 끌려가는 돼지처럼 터덜터덜 취조실로 올라갔다.

그렇게 올라간 감사장에서 살쾡이 1, 2, 3에게 두드려 맞고 내려온 직원들은 하나같이 똥 씹은 얼굴을 하고 경위서를 써서 제출했다.

나는 처음으로 감사를 겪는 지난 일주일간, 내가 살고 있는 이 고여 있는 우물에 간만에 새 물이 들어오는 것을 느꼈다. 공무원 사회에서도 몇 년에 한 번씩은 정의구현이 이뤄지는구나.

하지만 그 정의구현의 희생양에서 내가 제외되는 것은 아니었다.

담당자 : 이서기

감사요구자료 목록에 당당히 적힌 이름 석 자에 가슴이 철렁 내려앉는다.

무려 시의원님께서 미천한 공무원 이서기에게 친히 자료를 요구하셨다. 매일같이 누군가에 의해서 만들어지는 형형색색의 생소한 엑셀 파일들을 열어보며 감사를 위한 요구자료를 확인하는데 손이 달달 떨렸다.

그러다 파일 하나를 열고는 고개를 갸우뚱한다.

"이게 뭐지? 난생 처음 보는데? 담당자 이름 잘못 적은 거 아닌가?"

단단히 벼르면서 기안한 문서들을 뒤져보는데 기안자 이서기로 결재 완료된 문서가 있다. 아니, 있는 정도가 아니라 아주 수북이 쌓여 있다. 나는 이러고 있는 나 자신이 아주 어이가 없다. 공무원이 된 지 3년 만에 나는 발뺌이 생활이 됐다.

예전 같았으면 엄격한 자기검열에 빠져 자괴감을 느꼈을 것이다. 내가 왜 이렇게 정신 못 차리고 살지? 이렇게 제대로 하는 일 없이 어영부영 넘어가기만 해서 괜찮나? 이렇게 사는 게 과연 옳은 것일까?

늘 울상이던 그때와 지금은 아주 다르다. 나는 공무원이 된 지 3년 만에 스스로 질문하는 법을 잊었다.

매너리즘에 빠지고, 빠지고, 또 빠져서 내가 매너리즘에 빠졌다는 사실조차 인지하지 못하는 지경에 이르렀고, 그 상태 그대로 지하 30층에 처박혀 더 이상 위를 보거나 햇빛을 갈구하지 않았다.

내 이름으로 쌓인 수북한 문서를 살펴보기 위해 스크롤 막대를 내리다가 나는 하, 하고는 스스로를 잠시간 비웃는다.

'이렇게 사는 거 괜찮겠어?' 하고 묻는 내 안의 어떤 작은 소리에 나는 뻔뻔하게 대답한다.

'나한테 어쩌라고? 바빠 죽겠는데 대충 빨리 작성하고 치워버

릴 거야.'

단단히 결심했건만, 3년 전 9급 시절에 주먹구구식으로 형식만 갖추어 꾸며놓은 예쁜 쓰레기들을 보고는 경악을 금치 못했다.

'하, 이게 다 뭐야. 일을 이렇게 엉망진창으로 하고 어떻게 월급을 받았지? 엉터리가 아닌 게 하나도 없잖아?'

3년간 알게 모르게 싸질러 놓은 모니터 속 엉터리 쓰레기들을 보면서 나는 식은땀을 줄줄 흘렸다. 그리고 엉터리가 엉터리로 보이지 않도록 교묘한 위장술을 첨가한 요구자료를 작성하느라 밥도 못 먹고 야근을 했다.

밤 10시.

자료제출 마감 시간인 6시를 훌쩍 넘기고 4시간이나 더 공들였지만, 이서기의 감사요구자료에서는 구린내가 났다. 쓰레기는 아무리 포장을 해도 쓰레기일 뿐이었다.

친구 소라가 술만 먹으면 말하는, 미지근하게 식은 맥주를 남길 수 있는 최소한의 기준, 월 200만 원.

아직도 월 200만 원을 못 버는 나는, 실은 200만 원이 못 되는 돈도 받을 자격이 없었던 것이다.

수습 주무관을 데리고 3층으로 올라가면서 별의별 생각이 머릿속을 주마등처럼 스쳤다.

'그래. 내가 엉망진창으로 해놓은 게 안 걸릴 리가 없잖아. 이럴 줄 알았어.'

그때 수습 주무관이 내게 말을 건다.

"주무관님, 저는 감사에 걸리면 어떻게 되나요?"

초조한 얼굴을 보면서 속으로 생각한다.

'내 잘못은 그렇다 치고, 수습 주무관님을 부르는 이유는 뭐지?'

나는 지금 당장 올라오라는 살쾡이의 엄한 지령에 급하게 뛰쳐나오느라 미처 벗어놓고 오지 못한 블루라이트 차단 안경을 엄지 검지로 추켜 쓰면서 무미건조한 표정으로 대답한다.

"주무관님은 아직은 임용장도 안 받으셔서 감사를 받을 대상은 아닌 것 같아요. 저도 잘은 모르겠는데 주무관님은 특별히 걱정 안 하셔도 돼요."

"네…."

가슴을 쓸어내리며 안심하는 표정이다.

3층 감사장에 도착했다.

문이 활짝 열려 있는 그곳이 양팔 벌려 나를 반기는 지옥의 심판대같이 느껴진다.

'어리석은 중생아 어서 내게로 오라.'

그 지옥 불에 차마 발을 담그지 못하고 쭈뼛대고 있는데, 우리

청의 감사를 진행하는 주무관님이 우리를 친히 마중 나온다.
우선 나를 감사장 문간에 있는 자신의 작은 테이블로 데려가
더니 소곤소곤 말한다.

"일단 여기에 시간이랑 날짜 써주시고, 여기에 서명해 주
세요."

서류에 모나미 볼펜으로 서명을 하는데, 감사 담당 주무관님
이 내 귀에 대고 속삭댄다.

"어휴, 왜 그랬어. 2팀 잘 넘어갈 뻔했는데."

드디어 올 것이 왔구나 하는 생각이 들뿐, 별다른 대답을 찾지
못한다.

주무관님이 안내해 준 테이블로 간다. 그 자리엔 다년간 쌓여
온 내 엉터리를 발견해 낸 감사관이 앉아 있다.

나는 어색하게 웃음 지으며 꾸벅 목례하고 자리에 앉는다. 수
습 주무관님도 내 옆에 앉는다.

감사관의 인상이 생각보다 온화하다. 씨익 미소를 지으면서
잔뜩 쫄아 있는 우리에게 먼저 인사말을 건넨다.

"안녕하세요."

우리는 개미 목소리로 '네에' 하고 답하는데 감사관은 인사를
던져놓고는 자료만 쳐다볼 뿐, 우리 얼굴은 보지 않는다.

"2팀 이서기 주무관님?"

"네. 안녕하세요."

이서기의 얼굴을 먼저 확인한 뒤 옆자리 수습 주무관님을 보며 인적사항을 확인한다.

"이쪽이 말씀하신 수습, 박지연 주무관님이시고. 수습하신 지는 얼마나 되셨죠?"

"이제 3개월 채워갑니다."

"수습을 얼마 동안 하시는 거예요?"

"6개월입니다."

"네에."

감사관의 짧은 대답에 나는 이젠 형식적인 스몰 토크가 끝이 나고 본론이 나올 타이밍임을 직감한다.

"제가 서류를 검토해 보다가, 지난달 물품 구매 내역에 좀 의아한 점이 있어서 올라오라고 말씀을 드린 거예요."

감사관이 나를 똑바로 쳐다보는데 눈에서 반짝 하는 레이저가 살짝 비친다.

"네… 지난달 물품이요?"

나는 기어들어 가는 목소리로 대답 반, 혼잣말 반을 하며 멍청이처럼 굳어 있다. 기억이 날 듯 말 듯 하지만, 발뺌이 생활이 된 3년 차 공무원은 모르쇠 버티기 기술을 하려고 슬슬 준비하고 있다.

감사관은 그런 내 태도조차 놓치지 않고 읽어냈다. '어쭈? 니가 지금 당당해?' 하는 표정으로 자기가 보고 있던 서류를 뒤집어 내게 보여준다.

"지난달에 ○○업체에서 이런저런 물품들 구입하면서 13만 5200원 결제하셨네요. 신용카드 사용내역서를 재정팀에 제출하셨고요."

감사관이 내게 보여주는 서류에 또 당당하게 이서기의 이름과 이서기의 도장이 콩 하고 찍혀 있다. 역시 서류는 절대 거짓말을 하지 않는다. 거짓말을 하는 것은 내 기억력이다.

나는 서류를 확인하고는 별수 없이 '네' 하며 시인한다.

"근데 말이에요. 이 신용카드 계좌에 돈이 왔다 갔다 한 내역을 보니까 좀 이상해요."

검사관이 숫자가 와다다다 적혀 있는 종이에 주황색 형광펜으로 칠한 부분을 펜으로 탁탁 가리킨다. 안경 넘어 자세히 들여다보니 이렇게 적혀 있다.

○○업체 / 출금 / 135,200원
○○업체 / 입금 / 135,200원
○○업체 / 출금 / 135,400원

"같은 날에 ○○업체에서 출금과 입금이 반복됐단 말이에요. 이건 왜 그런 거죠?"

본격적으로 뾰족한 화살을 겨누는데, 나는 그때 뭔가 번쩍 떠오르며 '유레카!' 한다.

"아! 그게요, 저희가 그 사이트에서 매번 물품을 구매하는데 사장님께서 물품 하나가 품절됐다고 동일한 물건인데 다른 브랜드 꺼 주면 안 되겠냐고 했었어요."

감사관은 '네에' 하며 형식적으로 답한다. 또 내게 시선을 두지 않고 자료를 내려다본다.

"그래서 그때 물품 배달 온 분이 물품 코드가 다르니까 전체 환불하고 다시 결제하겠다고 했었어요. 동일한 금액이라고 했는데… 이게, 이게 13만 5400원? 왜 200원이 더 긁혔… 이게 왜…?"

순간 지뢰찾기 게임에서 지뢰를 밟았음을 깨달았다. 얼음이 되어 미동조차 못 한다.

그때, 벙어리처럼 앉아 있던 수습 주무관님이 갑자기 입이 터져서는 다급하게 내 팔을 잡고 말한다.

"주무관님 이거 신용카드 긁을 때요. 배달 오신 분이 잘못 긁었다고, 200원 더 긁었다면서…. 취소했다 다시 긁긴 귀찮으니까 200원은 동전으로 주면 안 되냐고 해서 제가 동전으로 받왔어요….”

갑자기 그때의 상황이 번개처럼 스쳐간다.

며칠에 걸쳐 계속된 어떤 끈질긴 민원전화를 받느라 나는 머리를 쥐어뜯으며 전화를 응대하는 중이었는데 하필 그때 물품을 배달하러 온 직원분이 결제를 요청했고, 열심히 눈알을 굴리던 나는 한가해 보이는 수습 주무관님에게 재정팀에서 미리 가져다 놓은 신용카드를 건네며 눈짓과 손짓으로 결제 좀 해달라고 부탁했다.

감사관이 요놈 딱 걸렸다, 하는 표정으로 또 다른 서류를 내민다.

“그래서. 여기 수습 박지연 주무관님이 이렇게 견적서에 서명을 하셨고요. 수령인으로요. 그쵸?”

퍼즐이 딱딱 맞아들어가자 더 이상 발뺌할 수가 없다. 하지만 내게는 분명히 억울한 상황임에 틀림이 없다. 뭐라도 어필을 해야 한다.

“그런데 감사관님. 제가 그때 전화응대를 하느라 아주 정신이 없어서 저희 수습 주무관님이 이렇게 하신 건데 이게 문제가….”

슬금슬금 눈치 보던 하찮은 지렁이 한 마리가 ‘꿈틀!’ 하고 발버둥쳐 보려는데, 감사관이 숨겨놨던 이빨을 드러낸다.

"문제가 되냐고요? 문제가 어떻게 안 되죠?"

그러고는 내가 직접 작성한 신용카드 사용내역서를 다시 보여 주고선 노려보며 말한다.

"13만 5200원짜리 물품을 사겠다 보고해 놓고선 정작 13만 5400원, 그러니까 200원을 초과해서 물품을 샀어요. 200원은 어딨죠?"

박지연 주무관은 급히 말한다.

"주무관님, 그 200원… 제 책상에 챙겨 두었어요. 아, 아니. 제 책상 서랍에요."

울기 직전의 수습 주무관 앞에 준엄하게 앉아 있던 염라대왕 님은 콰르르릉, 번개 같은 호통을 친다.

"그러니까! 나랏돈 200원이 지금 붕 떴으면! 국고로 다시 반환해야지! 개인 서랍에 챙겨뒀다는 거 자체가, 엄밀히 따지면 횡령했다고 볼 수 있는 거라고요 이게. 이게 지금 문제가 안 돼요? 네?"

나는 '횡령' 소리에 놀라 아무 대답도 할 수 없다. 염라대왕님의 번개를 정통으로 처맞자 두개골이 두 동강 나서는 삐-하고 뇌가 멈춰버렸다.

정신상태 썩어빠진 요즘 2030들?

횡령.

감사관의 입에서 나온 '횡령'이라는 단어 하나에 그동안 살아온 내 인생의 여러 장면이 주마등처럼 머릿속을 스친다.

길고 긴 삼수 생활 끝에 겨우 턱걸이로 대학에 들어갔던 때, 대학을 자퇴하고 아빠한테 흠씬 두들겨 맞던 때, 그러고도 정신을 못 차리고 놀다가 주제에도 안 맞는 행정고시를 준비한다고 청춘을 허비했던 3년이란 시간.

그러다가 어쩌다 얼어걸려 들어온 이곳, 구청에서 보낸 9급 공무원 시절, 그렇게 시간이 데려다준 8급 공무원이라는 자리에서 점점 의욕을 잃고 매너리즘에 빠져 하루하루 흘러가는 시간을 죽이던, 더 이상 전진하지 못하고 퇴보하며 날이 갈수록 후져지는 내 모습들이 휘리릭 스쳐 지나간다.

그 긴 시간이 지나고 지금 이 순간.

나는 나랏돈을 횡령한 부패한 공무원이 되어 있다.

침을 한번 꿀꺽 삼키며 앞을 보는데 감사장 창문에 비친 내 모습이 보인다. 창문에 비친 내 눈동자는 기세를 잃은 지 오래고 초점조차 없이 흐리멍텅하다. 생각하는 대로 살아가는 눈빛이 아니다. 살아지는 대로 생각하는 눈빛이다.

그러다 비싼 대학등록금 대어 가며 부족한 것 없이 키웠지만 겨우 200만 원도 못 버는 9급 공무원이 된 못난 딸을 언제나 자랑스런 트로피처럼 여기는 늙어버린 나의 엄마 아빠의 얼굴, 인내심 없고 심약한 나와 결혼이라는 60년짜리 팀플을 같이 하기로 약속한, 언제나 하얗게 웃고 있는 현우의 얼굴, 나를 조건 없이 사랑해 주는 이들의 얼굴이 스치자 나는 깨닫는다. 나는 잃을 것이 많은 사람이라는 것을.

잃을 것이 이렇게도 많은 내가 그동안 잃을 것이 없는 사람처럼 막살았다는 걸 깨닫자 조급해진다.

감사관이 지금 말하고 있는 그 '횡령'을 하게 된 경위, 변명, 그 소소한 액수 같은 것들에 대한 이성적인 판단은 전혀 하질 못하고 바짝 엎드리기에 이른다.

"죄송합니다. 제 생각에도 분명 문제가 되는 일입니다. 죄송합니다."

연륜 있는 노련한 감사관은 지금까지 고개를 빳빳이 쳐들고서 항복하지 않던 패기 넘치는 젊은 적군의 오금을 걷어차고 드디어 땅바닥에 무릎을 꿇렸다. 땅바닥에 코를 박고서 격렬히 투항하는 애송이 적군을 보며 만족스러운 웃음을 짓는다.

'그래! 네 잘못을 네가 알렸다! 진작 그렇게 바짝 엎드렸어야지' 하는 표정으로 잠시간 불쌍한 포로를 보며 정복의 만족감을 채운 감사관은 그제야 선심을 쓰듯 말을 한다.

"그래도 전적으로 주무관님의 잘못이라고만 할 수 없는 사정을 아니까. 저희도 구제할 방법이 있나 좀 의논을 해봤어요."

나는 감사관의 급격한 태세전환에 실낱같은 희망을 갖는다. '잠깐 혼쭐을 낸 거고, 그냥 봐주겠단 말인가?' 생각하며 희망의 미소를 짓는데, 감사관은 궁지에 몰린 생쥐의 꼬리를 잡고서 뱅뱅 돌리며 롤러코스터를 태운다.

감사관은 박지연 주무관을 보며 내게 말한다.

"그런데. 이쪽은 엄밀히 따지면 임용장도 안 받은 일반인이잖아요. 그죠? 아직은 공무원 신분이 아니란 말이에요. 그럼 이 감사를 받을 대상이 되겠어요, 안 되겠어요?"

속으로 '나를 놀리는 건가?' 하는 마음이 들었지만 최대한 사죄하는 얼굴을 연기하며 대답한다.

"안 됩니다."

검사관은 내가 직접 작성한 신용카드내역서를 다시 펄럭펄럭 보여주면서 미리 짜놓은 시나리오를 읽듯 다음 대사를 말한다.

"여기 이 문서는 이서기 주무관님이 손.수. 작성하셨고."

수습 주무관님을 눈짓으로 가리키며 선고를 이어나간다.

"박지연 수습 주무관님을 제대로 감독하지 못한 과오가 있으며."

나는 감사관의 이야기를 들으며 눈을 질끈 감는다. 법정에서 사형선고 받는 사형수가 된 기분으로 두 손을 조신하게 모으고 머리를 조아린다.

"아니지. 애초에 공무원 신분도 아닌 수습 직원에게 신용카드를 맡기고 나랏돈을 운용하게 했다는 것 자체가. 아~주 심각한 문제다. 이거예요."

"아…."

내 입에서 아주 작은 소리로 탄식이 흘러나온다.

"그리고 주무관님이 신규 공무원이면 어느 정도 이해를 하는데. 그것도 아니잖아요. 이제 3년 차? 3년이나 됐으면 이런 실

수가 용납이 안 돼죠."

나는 이내 포기하고서 감사관의 말을 잠자코 듣고 있는데, 갑자기 억울하고 분한 마음이 치밀면서 눈물이 나오려고 한다.

내가 뭘 그렇게 잘못했다고….

내 안의 어린 자아가 순식간에 나를 지배하면서, 마지막으로 생떼를 써보기로 한다.

"그런데 고작 200원이잖아요…. 2만 원도 아니고 20만 원도 아니고, 고작 200원인데 진짜 이렇게까지…"하면서 양 볼에 흐르고 있는 눈물을 훔친다.

감사관은 내 눈물보다는 '고작 200원'이라는 말에 나사가 풀려서 급발진한다.

"고작? 고오자악? 지금 고작 200원이라고 했어요? 이보세요! 금액이 중요한 게 아니라 지금 국고 200원을 딴 주머니에 챙기셨다고요, 주무관님께서! 그리고 '바늘도둑이 소도둑 된다!' 속담 몰라요? 큰일날 사람이네 이거?"

그날 이후, 말이 발보다 빠른 공무원 사회에서 내 눈물의 읍소는 순식간에 전파를 탔고 나는 공공연하게 '고작 200원 주무관'으로 불렸다. 그리고 나는 두 가지 속담을 뼈에 새겼다.

가만히 있으면 중간이라도 간다.

호미로 막을 일을 가래로 막는다.

'지렁이도 밟으면 꿈틀한다'는 말은 이 상황에서는 아주 틀렸다. 지렁이도 믿는 구석이 있어야만 꿈틀할 수 있다. 믿는 구석하나 없이, 약점만 단단히 잡힌 상황에서 꿈틀했다가 '을'은 순식간에 '슈퍼 을'이 된다. 슈퍼 을의 사소한 몸부림은 그 반대편에 있는 '슈퍼 갑'을 아주 노하게 한다.

슈퍼 을 이서기는 분위기 파악도 못 하고, 가만히 있었으면 중간이라도 갈 일에 괜한 부채질을 해서는 결국에 호미로 막을 수 있는 일을 가래로 막게 되었다.

잠자코 듣고만 있었으면 '주의'만 받고 끝날 일을 괜한 눈물바람과 괜한 말 몇 마디를 얹는 바람에 그보다도 강력한 '경고' 처분을 받게 된 것이다.

자리에 돌아온 나는 넋 놓고 앉아 내 앞에 도착한 경고장을 멍하니 보면서, 감사장을 터덜터덜 나가는 내 뒤통수에 대고 감사관이 고래고래 질러댔던 진짜 경고 멘트를 떠올린다.

"나랏돈 귀하게 여기지 못하고 저렇게 조심성 없이 질질 흘리는 사람들은 진짜 일벌백계 해야 돼!"

그러면서 검사관은 양 옆에 앉은 살쾡이 주니어들에게 괜히 불똥을 튀긴다.

"아니, 요즘 이삼십대들 다 왜 이래? 자기 잘못 인정하는 법 하나 없고, 남 탓하고, 나약한 데다 징징대기까지. 정신상태가 썩어도 너무 썩어빠졌어! 어?!"

감사관은 나를 앞으로 소도둑이 될 예비도둑으로 낙인찍었다. 모두가 보는 앞에서 어리숙한 8급 31살 울보 주무관 한 명을 단단히 혼내줌으로써 일벌백계했다.

그렇게 훌쩍훌쩍 울면서 계단을 내려가는 내 등을 고의가 전혀 없었던 딴 주머니의 진짜 장본인, 박지연 주무관이 조심스레 쓸어준다.

"주무관님, 제가 진짜 진짜 죄송합니다. 어떡해요 진짜."

순간 화가 났지만, 나는 수습 주무관님을 탓할 자격이 없다는 것을 안다. 전혀 예상치 못한 곳에서 지뢰가 터지긴 했지만 그동안 내가 겁도 없이 싸질러놓은 엉망진창들 때문에라도 난 벌을 받아 마땅하다는 것을 안다.

나는 내 어린 자아를 그제야 잠재우고 다시 어쭙잖은 어른의 탈을 쓴다.

"아니에요. 주무관님 잘못이 아니라 제 잘못이에요."

훌쩍이며 자리에 앉은 나는 내 앞으로 배달된 경위서를 펼쳐

놓는다. 그러곤 제대로 닦은 적이 없어서 얼룩덜룩한 텀블러에 사약처럼 담겨 있는, 타 놓은 지 6시간도 넘어버려서 더럽게 맛없는 카누를 한 모금 들이켠다. 그리고 펜을 든다.

도대체 무슨 말을 써야 할까. 한숨을 쉬고 있는데 준호에게서 메신저가 온다.

　　[이준호 주무관] 하이 200원 좌.

나는 그 대화를 보고 이를 부득부득 간다.

　　[이준호 주무관] 왜 대답 안 해. 또 울어?

　　[이서기] 약올라 죽기 직전이니까 수위 조절 잘해라.

　　[이준호 주무관] #한글파일/2021이준호경위서

　　[이서기] ?

　　[이준호 주무관] 내 꺼 참고하라고. 누나 경위서 처음 쓰잖아. 너무 상심하지 마. 경위서 100장 내도 안 짤리면 그만이야.

　　[이서기] 상심 안 해.

　　[이준호 주무관] 근데 왜 울었어. 울긴 왜 울어 엉엉엉ㅋㅋ

　　[이서기] 운 게 아니고 그냥 조금 훌쩍인 것뿐이야. 콧물도 못 닦냐고.

[이준호 주무관] 그랬다 치고ㅋㅋㅋ 나도 이번에 2장이나 썼는데 그게 뭐 별거라고 그래. 대충 써서 내. 어차피 잘 읽어보지도 않아. 내일 점심에 맥날이나 가자.

[이서기] 알았어, 고마워. 낼 보자.

준호가 보낸 경위서 파일을 딸깍딸깍 더블클릭하는데 수습 주무관이 발소리도 안 내고 내게 와 무언가를 건넨다.

"주무관님, 이거 드세요. 초콜릿이에요….."

3개들이 페레로로쉐를 받고 '고맙습니다' 하는데 짤랑이는 무언가를 또 건넨다.

"그리고 이건 그 200원이요… 정말 죄송합니다. 죄송합니다."

문제의 그 '고작 200원'이 내 손바닥 위에 올라왔다.

나는 이 상황이 진짜 어이가 없어서 하, 하고 실소를 터뜨리는데, 내 비웃음을 들은 수습 주무관님이 얼음이 되어 죄인처럼 서 있다.

"아, 주무관님한테 그러는 거 아니에요. 그냥 제가 어이가 없어서 그런 거예요. 초콜릿 고맙습니다."

그리고 내 손에 놓인 200원을 꼭 쥐면서 덧붙여 말한다.

"이거 200원도요."

시계를 보니 어느새 6시 10분을 가리키고 있다.

"6시 넘었네요. 얼른 퇴근하세요. 오늘 자 일일보고는 제가 내일 아침에 작성해서 드릴게요. 그때 서명해 주세요."

수습 주무관이 아주 미안한 얼굴로 '내일 뵙겠습니다' 하고서 사무실을 나선다.

나는 수습 주무관이 집에 간 후에도 한참 동안 왼손에 200원을 꼭 쥔 채 앉아 있었다. 오른손으로는 모나미 펜 뒤꽁무니를 딸깍딸깍 거리며 다리를 달달달 떨었다. 그러다 눈을 한번 질끈 감고 자세를 고쳐앉아 텅 비어 있는 하얀 경위서에 내가 부패공무원이 된 경위를 적어 내려간다.

200원이 물품 금액을 초과했던 이유는,

200원의 행방은,

200원의 국고를 등한시한 잘못으로,

부족한 200원은 결재를 정정하여,

200원….

머리를 쥐어짜다가 펜을 탁 하고 테이블에 놓고선 의자를 뒤로 쏯혀 형광등을 보면서 조금 실성한 사람처럼 실실대고 웃는다. 그러다 수습 주무관이 주고 간 100원짜리 동전 2개를 사이좋게 왼손에 하나, 오른손에 하나 엄지 검지로 잡고 형광등에 비춰보면서 혼자 중얼거린다.

"200원. 고작 200원 때문에. 진짜 짜쳐도 너무 짜친다 내 인생."

열등감의 본질

토요일 오후 5시.

오랜만에 친구들과 만나기로 해 약속 장소로 가고 있다. 땡볕에 종각역에 내려서 길고 긴 계단을 헥헥 대고 올라가는데, 핸드폰에서 단톡방 알림이 띠링띠링 울린다.

[소라] #지도
얘들아 우리 달식당에서 보는 거 어때?
[여정] 왜 갑자기? 나 약속 장소에 거의 도착했는데.
[소라] 거기 주차가 애매해서.

소라가 보낸 지도 링크를 열어보는데, 원래 가려던 식당보다

10분 더 걸어가야 하는 곳이다.

하늘을 본다.

오후 5시지만 12시 정오처럼, 한여름의 땡볕이 매섭게 정수리를 강타한다.

후, 하고 심호흡을 한 뒤에 지도를 보며 달식당으로 열심히 걷는다. 식당에 도착하니 여정이와 소라가 이미 와서 깔깔대며 웃고 있다. 그러다 나를 발견하고 "서기야, 여기!"하며 내게 손을 흔든다.

나는 어어, 하면서 땀을 닦으며 자리에 앉는다.

"슬기는?"

나의 물음에 여정이가 핸드폰을 확인하면서 말한다.

"예준이 친정에 맡기고 와야 된다고 먼저 먹고 있으래."

대답을 들으며 땀에 젖어버린 머리를 고쳐 묶는데 소라가 내게 묻는다.

"너 안색이 왜 그래?

"안색? 왜?"

"칙칙한데. 다크 서클도 심하고, 살도 좀 찐 거 같고. 어디 안 좋아?"

나는 폰을 들어 얼굴을 요리조리 살핀다.

"살쪘나? 맨날 앉아 있는 게 일이라 그런가 보지 뭐."

여정이가 메뉴판을 건넨다.

"너 마실 거부터 시켜. 덥잖아."

땀을 흘려서 목이 너무 마른 데다 오늘따라 단 게 땡긴다.

"난 수박 주스. 시원하게."

가방에서 꺼낸 탄산수를 마시던 소라가 걱정스런 표정으로 나를 본다.

"서기야. 당분 있는 음료 마시면 혈당수치 확 올라가고 진짜 안 좋아. 살도 더 쪄."

그러곤 핸드폰으로 어떤 뉴스 기사를 보여주며 내게 말한다.

"그리고 아까 기사 보니까 '저소득층일수록 비만 가능성이 높다'는데 일본에서 연구한 거래. 인스턴트 식품 먹고, 많이 먹을 수 있을 때 많이 먹고, 그런 습관 때문에 살찌는 거야. 관리해야 된다고. 건강 해쳐."

저소득층이란 말에 100원짜리 동전 두 개가 생각나면서 엊그제 단돈 200원 때문에 당한 봉변이 떠올라 욱하는데, 여기서 내 쪼대로 화를 냈다간 정신병자 소리 듣기 십상이라 판단하고 애써 꾹꾹 누르며 반격한다.

"야, 여기 한국이야. 일본놈이 연구한 걸 왜 들이대고 난리야. 여기요~! 수박 주스 한 잔 주세요."

나는 일단 급한 대로 물을 따라 마시며 여정이와 소라의 얼굴을 살피는데, 소라의 어깨에 빨간 자국이 눈에 띈다.

"너 어깨 왜 그래? 너무 더워서 익은 거 아니야? 땡볕에 돌아다니는 거 아니야. 큰일 나."

소라가 자기 어깨 쪽을 내려다보더니 웃으며 말한다.

"오기 전에 마사지 좀 받았어. 나 더울 때는 절대 안 나가. 그래서 오늘도 차 끌고 왔는데. 오늘 자외선 거의 안 맞았을걸?"

여정이가 좀 초췌한 얼굴로 소라에게 묻는다.

"나도 요즘 결혼준비 한다고 진짜 피곤한데. 마사지 얼마나 해?"

"음. 난 회원권으로 끊어서 1년에 한 350?"

나는 눈이 동그래져서 나도 모르게 되묻는다.

"350만 원이라고? 35만 원 아니고? 왜 이렇게 비싸!"

소리가 어리둥절한 듯 갸우뚱하며 말한다.

"한 달에 30만 원 꼴인데 비싼가? 운동 하나 끊는 거랑 비슷하잖아."

나는 소라를 보면서 바로 어제, 퇴근 후 현우가 내게 줬던 선물을 떠올린다.

현우는 기대에 찬 얼굴로 택배 박스를 건네며 말했다.

"선물이야."

"뭔데?"

현우를 올려다보다가 나는 택배를 풀어본다.

묵직한 총 같은 것이 나온다.

"이게 뭐지?"

요리조리 살펴보는데, 현우가 그것을 뺏어들고 전원을 켠다.

"이거 뭐냐면, 마사지건."

그러면서 내 몸통을 돌려 앉히며 어깨를 마사지건으로 열심히 문질문질한다. 나는 덜덜덜덜 떨리는 몸을 주체하지 못하고 감탄한다.

"와아… (덜덜덜덜) 시원하다."

현우가 신난 목소리로 말한다.

"시원하지? 너 맨날 어깨 결린다고 했잖아. 내가 이제 저녁에 5분씩이라도 해줄게."

"시원은 한데, 이거 비싸지 않아? 우리 이번 달은 대출도 좀 갚기로 했잖아. 우리 돈도 없는데 왜 샀어. 평달에는 보너스도 없고, 돈 없는데…."

현우가 마사지건을 끄고 내 앞에 앉는다.

"서기야, 너무 돈돈 하지 마."

나는 현우를 보고 한숨을 쉬며 인상을 쓰고서 말한다.

"돈돈 해야 돈이 벌린다고 동우가 그랬잖아. 동우 멋있다며."

현우가 마사지건을 만지작하며 고개를 떨군다.

"그렇긴 한데. 돈이 수단이 되어야지, 목적이 되면 안 돼."

나는 예전과는 좀 달라졌다. 나이가 드니 점점 귀를 닫는다. 처음엔 '민원인으로부터 상처받지 않기 위해서'라는 허울 좋은 핑계였는데, 이제는 어쩐 일인지 나를 사랑하는 사람의 걱정과 우려가 도무지 들리질 않는다.

아니, 들리지만 않는다면 차라리 다행이다. 왜곡되어 들리는 게 문제다.

나는 짜증 섞인 목소리로 대답한다.

"수단이고 목적이고 난 모르겠고, 자꾸 가르치려고 하지 말라고. 직장에서도 맨날 욕먹는데 내가 집에서까지…."

말을 하다가 순간 소름이 끼친다. 현우에게 짜증을 부리는 내 모습 위에 어릴 적 아빠의 모습이 그대로 포개진다.

회사에서 명예퇴직 압박을 받을 즈음 엄마에게 부쩍 신경질을 부리던 아빠의 못난 모습. 내가 너무나 싫어했고 증오했던 그 모습을 다른 누구도 아니고 내가, 바로 내가 그대로 답습하고 있다.

내게 포개진 아빠의 모습을 떨구어내려고 고개를 세게 절레절레하다가, 시무룩하게 마사지건을 정리하는 현우에게 사과의 말을 건넨다.

"짜증내서 미안해."

서운했는지 돌아오는 대답이 없다.

현우의 눈치를 보다가도 이번 달에 갚기로 목표한 대출 원금이 생각난다. 그러면 안 된다고 생각은 하지만 차마 떨쳐내지 못하고 결국 현우의 성의에 스크래치를 낸다.

"이거 환불하자. 응?"

현우는 서운한 걸 넘어서 이젠 그 강아지 같은 눈망울에 눈물이 좀 맺혔다.

"이거 당근에서 산 거야. 너한테 좋은지 한번 시험해 보고 새거 사주려고. 5만 원도 안 줬어. 너 쓰기 싫으면 다시 당근할게."

단돈 5만 원에 쩨쩨해지는 내 모습과 아내를 위해서 큰맘 먹고 쓴 5만 원 때문에 되려 구박받는 현우의 모습을 떠올린다.

소라의 빨간 어깨와 햇볕을 받지 않아서 새하얀 피부가 여러 생각을 하게 한다. 350만 원 어치의 마사지를 받고, 더울 때는 대중교통을 타러 나갈 필요도 없이 지하로 연결된 주차장으로 바로 내려가 벤츠 E클래스를 타고, 20살 때부터 한결같이 고등학교 친구들 만날 때마다 밥 사고 술 사는 데에 인색하지 않은 저 인생은, 도대체 얼마나 윤택한 걸까. 내가 상상할 수 있는 수준이 되기나 할까.

단돈 200원 때문에 쪼들리고 쪼들리는 내 인생과 무려 350만 원짜리 마사지가 당연한 소라의 인생을 나란히 세웠더니 나는 순식간에 꼬꼬마가 된다. 나도 모르게 친구를 올려다보며 소라의 인생을 동경한다.

동시에 내 안의 비교 알고리즘이 다시 작동하기 시작한다. 소라는 올라가는 엘리베이터를 타고, 나는 내려가는 엘리베이터를 탄다. 그러곤 서로 끝도 없이 멀어져간다. 엘리베이터를 타긴 탔는데, 어디로 가는 건지 당최 모르겠다. 목적지가 없고 오직 위, 아래 방향만 있을 뿐이다.

어떤 목적도 없이 비교만을 위한 비교를 하는 것은 언제나 스스로를 비참하게 만든다. 또 그렇게 내 손으로 직접 비참해지는 버튼을 눌러가며 점점 컴컴한 구렁텅이로 기어들어 가려고 하는 순간 여정이가 끄덕끄덕 하며 말한다.

"나도 드레스 좀 입어보겠다고 필라테스 다니는데, 그것도 40만 원은 해. 일대일이라."

이상하게 여정이의 말에는 그런가, 하며 쉽게 수긍한다. 내 열등감의 화살표는 오직 소라만을 향한다는 것을 다시 한번 확인한다. 비교의 대상이 가까운 사이일수록 열등감은 걷잡을 수 없이 증폭된다.

압구정 현대아파트를 80억에 샀다는 불특정 다수의 이야기를 들을 때는 '와, 돈도 많아' 하며 박수 치고 넘어가지만, 노도강에 33년 된 주공아파트를 6억에 샀다는 길 건너 사촌 이야기를 들으면 배가 아파서 도저히 잠도 못 자는 게 사람 심리다.

어떻게 보면 이것이 열등감의 본질이다. 오랜 수험생활을 마치고 취직에 성공하면서 전부 극복한 줄만 알았던 소라를 향한 내 자격지심이 다시금 내 발끝 어디선가부터 스멀스멀 기어올라 간질간질 신경 쓰이기 시작한다.

종업원이 내 자리 앞에 수박 주스를 놓고 '맛있게 드세요' 하고 돌아간다.

달콤하고 시원한 수박 주스를 빨대로 쪽쪽거리며 또 혼자만의 생각에 빠져 있는데, 소라가 여정이를 걱정하는 말이 들린다.

"너 다이어트 너무 심하게 하는 거 아니야? 살 너무 빼도 안 좋아."

배배 꼬인 나는 친구를 걱정하는 소라의 말에 트집을 잡으며 시비를 걸어본다.

"살이 쪄도 문제, 살이 빠져도 문제. 어느 장단에 맞추라고?"

몇 년 사이 귀를 닫고 부쩍 독단적으로 변한 나는 친구를 위하는 친구의 걱정 섞인 우려를 곧이 곧대로 듣질 못한다. 그 말을 굳이 패배 코드에 한번 돌려서는 삐딱하게 왜곡하여 해석한다.

소라가 당황한 표정으로 말한다.

"아니. 여정이는 지금 너무 말랐고, 너는 예전에 살쪄서 다이어트 한다고 고생했잖아. 살 빼는 한약도 먹었으면서."

오랜 수험생활에 늘어버린 몸무게를 줄이느라 정말 개고생을 해가며 다이어트를 한 적이 있기 때문에, 소라에게 말도 안 되는 시비를 걸고 있다는 걸 스스로도 잘 알고 있다. 지금 내 표정, 눈빛, 말투, 태도, 자세 등 남들에게 보이는 내 모습 전부에서 소라를 향한 열등감과 자격지심이 주륵주륵 흘러내린다.

이미 모두에게 들켰지만 들켰다는 사실조차 들키기 싫어서 더 이상 입을 열지 않기로 한다.

그때 소라와 여정이가 미리 주문한 음식들이 나온다. 오일 파스타, 목살 스테이크, 페퍼로니 피자가 거하게 차려진다. 소라가 오일 파스타를 내 쪽으로 밀어주고 피자 한 조각을 접시에 덜어 건넨다.

"너 페퍼로니 좋아해서 일부러 이거 시켰어. 너 봉골레도 좋아하잖아. 이것도 먹고."

여정이가 그 모습을 보더니 내게 말한다.

"프로 수발러 또 등장이네. 너는 이렇게 챙겨주는 친구가 어딨다고 구박하냐. 좀 잘해라 어?"

나는 머쓱해서 아무 말도 하지 않는다.

"서기 너는 요즘 취직했다고 부쩍 인간이 되긴 했는데. 진짜 고딩 때 생각하면 삐딱하기가 아주 말도 못해…. 진짜 무서웠다 무서웠어."

틀린 말이 아니다. 모난 걸 넘어서 뾰족뾰족 흉기 자체였던 나는 옆에 있던 친구들을 내 날카로운 무기로 많이도 찔렀다. 심한 말을 하기도 하고 괜히 화를 내기도 하면서 상처를 많이도 줬다. 친구들은 아프게 찔리면서도 위험해 보이는 내가 어떻게 될까 봐 나를 떠나지 않았다. 하지만 '모난돌이 정 맞는다'라는 속담은 거의 과학이라고 볼 수 있다.

고등학교를 졸업하고 무늬만 어른이 된 20대의 나는 사회라는 것도 나의 친구와 부모처럼, 어떤 망나니 짓을 해도 순둥순둥 날 안아줄 줄 알았다. 그래서 난리를 치고, 객기를 부리고, 개기고 또 개기다가 이곳저곳에서 깨지고 또 깨졌다. 정을 맞고, 맞고 또 맞고, 또다시 맞았다. 그렇게 맞고 깨지던 세월만 10년이다.

서른이 넘은 지금은 그나마 사람의 형상으로 조각되어 사람

구실을 하고 있다. 사회라는 피도 눈물도 없는 냉정한 조각가가 만들어낸 결과다.

여정이의 말을 들으면서 근래의 나를 돌아본다.

분명 내 잘못임에도 200원이라고, 고작 200원 때문에 왜 그러냐고 감사관에게 질질 짜면서 생떼 부리던 내 모습, 현우에게 단돈 5만 원 때문에 어렸을 적 내가 미워하던 나의 아빠의 모습을 하고서 안하무인으로 짜증을 내던 내 모습, 그리고 지금 이 자리의 내 모습.

날이 갈수록 나보다 더 잘나지는 친구의 모습에 열폭하여 트집을 잡고 시비를 거는 내 모습에 아찔해진다. 나는 포크를 들었다가 테이블에 탁하고 놓고는 얼굴을 감싼다.

"하."

자괴감이라는 것이 폭발한다. 내게 존재하는 줄도 몰랐던 '쪽 팔릴 때 슬퍼지는' 감정선에 불이 화르륵 붙더니 갑자기 눈물이 주룩주룩 나온다.

여정이와 소라는 그런 내 모습을 보더니 얼음이 된다.

"왜 그래? 너 요즘 무슨 일 있어?"

이 와중에도 친구들은 나를 걱정하며 휴지를 챙겨준다.

10년 전의 나와 비교해서 지금의 내가 그나마 달라진 게 하나 있다면, 잘못을 최대한 빨리 인정하고 곧바로 사과한다는 점이다. 하지만 그건 결코 상대방을 위해서가 아니다. 나를 위해서다.

내게 먼저 손을 내민 수많은 귀인들을 내 자존심을 지키는 대가로 허무하게 떠나보내면서 나는 깨달았다. 사과를 해야 할 타이밍을 놓치면 그 사람 전부를 놓치게 된다는 것을.

그렇다면 말을 하기 전에 한 번 더 생각해서 애초에 잘못하지 않으면 될 것을, 아직 수련이 부족한 어리석은 중생은 그러질 못한다. 잘못하는 와중에도 자괴감에 빠지며 그와 동시에 바로 사과를 할 준비를 한다. 나는 사실 소라가 페퍼로니 피자를 건넬 때부터 사과할 준비를 하고 있었다.

경솔한 이서기는 태세전환이 탭 댄스 추듯 발빠르다. 내 사과의 말에선 타다탁탁 가볍고 시끄러운 소리가 난다. 그리고 어느 한 곳에 모이지를 않고 입에서 나오자마자 흩어진다. 상대방이 도저히 진심을 파악할 수 없도록 아주 짧은 시간 안에 공중분해되고 만다.

몇 분이나 말없이 울면서 어떻게 하면 진심으로 사과란 걸 해볼 수 있을까 고민하다가 에라 모르겠다, 하며 내 오랜 친구 소라에게만은 아주 색다르게, 완전히 솔직하고 적나라하게, 날것 그대로의 사과를 해보기로 결심하고 입을 뗀다.

"소라야."

"응?"

"방금 내가 너한테 열폭한 거 봤지?"

"뭐?"

"내가 방금 너 350만 원짜리 마사지 받는 게 너무 부러워서 너 트집 잡고 열폭했잖아. 몰랐어?"

"무슨 소리야. 설마 또 시작이야?"

"왜냐면 얼마 전에 내가… 200원 때문에 징계 받았거든. 하 진짜, 200원짜리 내 인생…. 그리고 어제는 현우가 50만 원도 아니고 5만 원 썼다고… 그걸 구박했어. 그것도 나 위해서 그런 걸 가지고."

여정이가 소라를 보며 말한다.

"얘 지금 버튼 눌렀네. 얘 원래 고해성사가 일상이잖아. 야, 근데 하나하나 천천히 알아듣게 말해. 일단 1번은 알겠어. 너 소라한테 열폭한 거."

여정이의 말에 나도 모르게 웃음이 터진다. 여정이가 휴지를 한 장 더 건네며 같이 웃는다.

"울고 웃고 아주 난리났네 난리났어. 볼만하네 볼만해."

눈물이 겨우 진정되자 이번엔 소라를 향한 본격적인 고해성사로 입이 터진다.

"나는 100원, 200원에도 절절매는 200원짜리 인생을 사는데
너는…. 항상 돈에 구애받지 않는 네 모습이 난 너무 생경해.
그리고 나는 너한테 맨날 밥 얻어먹고 술 얻어먹는 친구지만,
돈 쓰는 데 고민하는 법 없는 소라 네 인생이 도대체 얼마나
여유로운 인생일까 매번 생각해."

정작 소라는 그런 나를 보며 아무 말이 없는데, 여정이가 내
고백을 관전하며 턱을 괴고선 대신 말한다.

"그냥 밥 얻어먹고 술 얻어먹을 때 고맙다, 잘 먹었다, 한마디
하고 다음엔 또 니가 사기도 하고 그러면 되는 거 아냐? 왜 이
렇게 인생을 복잡하게 살지? 응?"

나는 여정이를 보며 말한다.

"알잖아, 나 어렸을 때부터 유독 소라한테만 열등감 느꼈던 거."

그러곤 내 눈물 사과의 목적지, 소라에게 본론을 말한다.

"그것 때문에 너한테 고마워도 고맙단 말이 안 나오고 미안해
도 미안하단 말이 안 나왔어. 오늘도 어김없이 그랬네. 미안해.
내가 괜히 트집 잡은 거."

나는 친구 사이에서 암암리에 금기시되는 그 단어, '열등감'이
란 단어까지 굳이 내 입으로 발음하고 말았다.

그런데 이상하게 나는 지금 이 순간 속이 아주 시원하다. 내가
10년 넘게 끌어안고 살았던 못난 자식을 어쨌든 흐르는 세월

만큼 잘 키워내서 드디어 물가에 내놓은 기분이다.

이 상황을 보고만 있던 소라가 드디어 입을 연다.

"나도 알아."

나는 소라를 본다.

"나도 안다고. 니가 나한테만 그랬던 거. 그리고 지금도 그러는 거."

부자들이 부자가 된 이유

나는 무슨 생각을 하는 건지 얼굴에 다 표가 난다. 나를 10년 넘게 봐온 오랜 친구가 그 사실을 몰랐을 리 없다.

"그런데 서기야. 이제 서른이 넘었는데 너도 어른이 되어야지 아직도 고등학생처럼 굴면 어떻게 해."

모처럼 엄한 표정을 하고 내게 쓴소리를 하는 소라를 본다.

'그래. 너도 사람이면 나한테 쌓인 게 많겠지'라고 생각하며 눈을 내리깐다.

"열등감. 열등감이라고 했어? 근데 그건 너만의 감정은 아니야. 나도 열등감이 일상이고 생활이야. 그냥 그런 것들 다 안고 참고 사는 거야. 내가 좋아 보이고 행복해 보이기만 해? 네 눈에는 그렇게만 보일지 모르겠지만 실상 나도 안으로는 먹고 사는 거에 지쳐 있어. 그저 하루하루 열심히 살아가는 사람들 중 하나일 뿐이야."

소라가 소라의 고백을 시작한다.

"난 너희들 대학 가고 신입생 환영회 가고 엠티 가고 학교에서 원 없이 공부하고 놀 때 각 잡힌 옷 차려 입고 두껍게 화장하고 발 아픈 하이힐 신고 새벽 이슬 맞으면서 출근하고 막차 타고 퇴근하면서 돈 벌었어. 그게 20살 겨울부터였다고."

나는 소라의 얼굴을 보며 어릴 적 나와 이태원에서 맥주를 마실 때를 떠올린다. 매일같이 불면증에 시달려서 예쁜 얼굴에 잠깐씩 비껴가던 어두웠던 소라의 낯빛이 스쳐간다.

"너 일한 지 3년 됐나? 그것도 맨날 지겹다고 말하지? 난 이제 12년 차야. 네가 그렇게 지겨워서 못 견디는 일, 나는 10년 넘게 했어. 그러는 동안 내가 너희한테 힘들다고 한 번이라도 말한 적 있었어? 그리고 뭐 100원? 200원? 그거 안 맞아서 징계 받았다고? 그래서 200원짜리 인생이라고? 100원이 아니라 10원, 20원 안 맞으면 사기업에서도 난리 나. 그건 어디서나 다 똑같은 거야. 너한테만 일어나는 비참한 일이 아니라고. 아직도 중2병이야? 세상이 니 중심으로만 돌아가? 왜 그렇게 아직도 어려? 그게 울 일이야?"

소라가 요즘 다시 모가 나고 있는 못난이 돌에게 사정없이 정을 때리는데, 나는 속수무책으로 부서져 점점 가루가 된다.

소라가 계속 말을 한다.

"모든 억울한 일은 너한테만 일어나고, 네가 겪는 일만 제일 힘든 일이야? 다들 자기만의 짐을 지고 살아가는 것뿐이야. 그리고 넌 가진 게 많았잖아."

가진 것.

내 눈에는 그 누구보다 가진 게 많아 보이는 소라가 누구보다 가진 게 없어서 초라한 내게 가진 게 많은 사람이라고 말하고 있다.

"너는 니가 하고 싶은 거 안 해본 적 없었잖아. 한 번도 참아본 적 없었잖아. 언제고 마음껏 어리광 부릴 수 있었잖아. 어리광 부릴 수 있는 나이에 마음껏 그럴 수 있는 것 자체가, 그 자체가 특권이야."

고등학교를 졸업하자마자 바로 사회로 내던져져서 너무 어린 나이에 일찍 어른이 되어버린, 아직도 얼굴에 솜털이 보송보송한 어린 소라가 말한다.

"돈? 돈이 많다고 내가? 그럼 서기야, 너희 다 천진난만하게 캠퍼스 생활 즐기고 시험 때는 시험 공부만 하고, 방학 때는 놀기만 하고 그럴 때 나는? 나는 20살부터 볼 꼴, 못 볼 꼴 다 봐가면서…"

목이 메는지 소라는 잠시 말을 멈췄다가 목을 가다듬고는 다시 입을 연다.

"굳이 그 나이에 미리 알 필요도 없는 이 세상 더러운 것들 다 겪어가면서 10년을 소처럼 일했는데 돈이라도 벌어놨어야지. 그걸로 집도 사고 차도 사고 그랬어야지 난. 내가 그거 말고 할 수 있는 게 도대체 뭐였는데?"

그렇게 말하며 큰 눈망울에 글썽글썽 가득 눈물이 고인 눈으로 내 눈을 똑바로 보는데, 소라의 눈동자에 새겨진 10년간의 외로움이 고스란히 전해진다.

어렸던 그 시절 언젠가 소라에게서 왔던 전화 한 통이 떠오른다.

"여보세요. 이서기 뭐 해?"

"팀플. 왜?"

"그냥. 팀플이면 과제야? 언제 끝나?"

"모르겠네, 내일이 발표라서. 근데 왜, 무슨 일 있어?"

"나 회사에서… 아, 아니다. 그럼 내일 발표 끝나고 뭐 해?"

"이제 기말고사라 스터디 있어."

"아… 스터디. 알겠어, 그럼 담에 봐…. 시험 잘 보고."

"응. 끊을게."

나는 '뭐야? 싱겁게' 하고선 폰을 엎어놓고 팀플에 열중했다. 그러는 동안 소라는 어두운 자취방에서 쪼그리고 앉아 훌쩍 훌쩍하면서, 해봤자 받아주는 이 없는 전화를 여기저기 돌려보았을 것이다. 내가 서른이 넘어서야 겪어보는 세상의 부조리함을 스무살 어린 나이부터 눈물로 견디고 또 견뎠을 것이다. 또 내일은 무슨 일이 생길까, 어떻게 버틸까 두근두근 뛰는 심장 때문에 불면증에 시달리면서 뜬 눈으로 밤을 새웠을 것이다.

그때부터 소라는 누군가 내 고통을 이해해 줄 거란 희망을 가지고 하루하루를 보냈을 것이다. 절실했던 희망도 조금씩 버리고 버려가면서 10년이 넘는 세월을, 그렇게 혼자 외롭게 버텨왔을 것이다.

그 당시 학생이었던 나는 20대가 되자마자 직장인이 되어버린 소라가 혼자 삼켜야 했던 그 고통을 전혀 이해하지 못했다. 그저 용돈 받으며 근근이 생활하는 나보다 훨씬 풍족해 보이고, 행복해 보이고, 멋있어 보이기만 했다.

김소라.

너는 취직도 잘했고.

능력도 있고, 돈도 많고.

부족한 게 없잖아?

그런 표정을 하고 자신을 보는 친구들에게, 소라는 회사에서 있었던 아픈 일을 말하고 싶다가도 도저히 말할 수 없었을 것이다.

내가 얼마나 피상적으로 소라의 인생을 재단하고 남몰래 흘렸던 피와 땀과 눈물을 몽땅 무시하고 있었는지 생각하니 낯이 벌겋게 달아오른다.

지금 해봤자 하나도 소용이 없는 말을 괜시리 던져본다.

"그걸 왜 지금 말해. 그때 말하면 됐잖아. 너도 힘들었으면 힘들다고 말했으면 됐잖아."

소라도 조금 빨개진 눈으로 말한다.

"너는 항상 나보다 안 힘든 적 없었잖아. 내가 의지하려고 해도 맨날 나보다 힘들었잖아. 지금도 내가 보기에는 넌 힘들 일이 하나도 없는데 혼자 힘들잖아. 언제나 위태롭고. 도대체 언제까지 그럴 거야? 이제 우리 알고 지낸 지도 13년, 14년이야. 언제까지 너만 제일 힘들고, 너만 제일 억울할거야? 어?"

나는 입이 두 개라도 할 말이 없어 눈물만 계속 닦는다. 그리고 어느 때보다 단호하게 나를 혼내는 소라의 말에서 드디어 나를 진심으로 걱정하고 우려하는 목소리를 듣는다. 귀를 닫고 눈을 감고 패배감에 젖어서 내 고집대로만 살았는데, 이제야 내 주위를 지키는 나를 위하는 사람들이 보인다. 나를 위하는 따뜻한 말들이 들리기 시작한다.

"너는 엄밀히 따지자면 나한테 열등감을 가지는 게 아니야. 그냥 너무 맹목적으로 돈에 매달려서 그런 거야. 그러니까 아무것도 안 보이고 돈만 보이지. 넌 내가 안 보이고 내가 가진 돈만 보이는 거야."

소라의 말 하나하나가 모두 촌철살인이다.

나는 아무 말도 못한다.

"그리고. 인정을 해. 이젠 그럴 때도 됐어. 내가 너보다 8년, 9년은 더 많이 일 했으니까 내가 너보다 돈 많은 건 당연한 거라고. 집도 일찍 샀고 투자도 일찍 시작했으니까 내가 너보다 좋은 집 사는 게 당연한 거라고 인정을 하라고. 인정을 안 하니까 나한테 그런 감정을 느끼는 거 아니냐고. 왜 인정을 안 해?"

그렇다.

나는 소라의 10년 세월에 관심 갖고 들여다본 적이 없다. 소라의 10년 세월을 인정해 준 적이 없다.

그저 지금 내 앞에 앉아있는 소라의 겉모습,

소라가 사는 집,

소라가 타는 차,

소라가 입는 옷만 보고

소라의 인생을 시기 질투했다.

나는 기어들어 가는 목소리로 대답한다.

"인정해."

"너. 앞으로 나한테 열등감 느낄 때마다 그거 하나만 생각해봐. 난 12년을 일했고 넌 3년 일했다고."

소라가 눈만 꿈벅꿈벅하고 있는 내 얼굴에 손가락 9개를 내밀며 또박또박 말한다.

"자, 손가락 1개당 1년. 총 9년이지? 9년의 세월만큼 내가 너보다 돈이 많아야 되는 거야. 알겠어?"

나는 동의한다는 뜻으로 끄덕 한다.

"공무원이니까 돈 계산 많이 하지? 네가 제일 잘 알 거 아냐, 숫자는 거짓말 안 하는 거."

소라의 설명에 이제야 납득이 간다. 숫자가 거짓말하는 법이 없는 이 자본주의 사회에서 나는 왜 꼬꼬마이고 소라는 왜 키가 큰지에 대해서.

그 이유를 알아내는 데 필요한 능력은 단순한 덧셈, 뺄셈일 뿐이었는데 나는 그 쉬운 걸 해내지 못했다. 감정을 조금만 걷어냈으면 보였을 것을 징글징글한 패배주의에 휘둘려 몇 년을 체한 것처럼 더부룩하게 살았다.

나는 소라의 손가락 9개를 잊지 않겠다고 다짐한다.

얼마 전까지 나는 돈이 많은 부자들을 보며 가끔 억울하다 생각하곤 했다. 저렇게 단숨에 쉽게 돈 버는 사람도 있는데, 나는 9시부터 6시까지 한나절을 직장에 싸그리 헌납하면서도 200만 원도 못 버는구나, 하면서 그들의 시간과 내 시간의 가치가 다른 점에 대해 분노하고 화를 냈다.

하지만 나는 그들이 '단숨에 돈을 벌게 되는 능력'을 갖게 되기까지의 끝도 없을 줄 알았던 실패와 좌절은 보려고 하지 않았다. 그저 그들의 부유한 지금 모습과 캡처된 통장 잔고 사진만 보고서 그들을 판단했다. 그들이 자본주의라는 진흙탕 사회에서 구르고 또 굴러온 몇 년 혹은 몇 십년의 '구력', 그것을 간과했다.

따라서 내가 소라를 보며 느꼈던 그 열등감은 애초부터 존재 자체가 성립되지 않는 것이었다.

실내 골프장에 커피 마시러 다닌 것이나 다름없는 구력 1년짜리 골프 신생아가, 10년간 이 필드 저 필드 다 겪으면서 살이 새카맣게 탄 구력 10년짜리 프로 골퍼를 시기 질투 하는 것과 같았다.

그들이 피땀눈물 흘리며 쌓아온 구력을 눈 질끈 감고서 모른 척한 게 나다. 그들이 겪어온 진흙탕 구정물엔 직접 들어가볼 용기는 하나도 없으면서, 지금 당장 프로 골퍼와 나의 모습을 비교하며 키 맞추기를 해달라고 조르고 떼를 썼다. 오직 키 차이에만 눈에 불을 켜고 집착하며 공평하지 않다고 울부짖는 것은 명백한 통계의 오류이고 날강도짓이다.

그러므로 나는 이제 그들의 구력과 과거의 피땀눈물을 인정해야 한다. 그들이 누리는 부유함이 결코 공짜로 얻은 것이 아님을 하루라도 빨리 인정해야 한다. 아니, 소라의 말대로 이젠 인정할 때도 됐다.

그것들을 인정하는 것이 작디작은 티끌만 한 존재인 내가, 좋으나 싫으나 어쨌건 이 거대한 자본주의를 끌어안고 살아가기 위해서 제일 먼저 해야 하는 일이다.

소라의 쓴소리를 듣자 이상하게 속이 뻥 뚫린다. 나는 가슴을 쓸어내리며 말한다.

"하아. 속이 다 후련하네."

여정이가 페퍼로니 피자를 썰어 한 입 먹으며 날 보곤 갸우뚱한다.

"엥? 속이 후련해? 너 지금 김소라한테 두들겨 맞았는데?"

나는 명치를 문질문질하며 대답한다.

"몰라. 속이 시원하네. 참교육이 거의 개비스콘 수준이네!"

소라가 오일 파스타를 뒤적이면서 한마디 더 보탠다.

"그리고 나 돈 쓰는 데 고민 많이 해. 한 달에 한 번, 나한테 오롯이 쓰는 돈이 30만 원 정도는 되어야 한다고 생각해서 마사지도 받는 거야. 그 정도도 안 할 거면 돈 버는 의미가 있어? 아무리 돈이 중하다 해도 사람이 돈 위에 앉아 있어야지 돈이 사람 머리 위에 앉아 있으면 돼?"

나는 수박 주스에 꽂힌 빨대를 빙글빙글 돌리며 대답한다.

"안 되겠지 그건."

"그래. 주객전도. 니가 돈의 노예로 살지, 돈을 노예로 부릴지 선택 잘 해."

그러더니 이내 내 얼굴을 보며 또 한마디 더한다.

"넌 지금 노예 되기 직전이네. 여유 없고 돈 때문에 설설 기는 거, 얼굴에 티 안 날 거 같아? 돈 아낀다고 맨날 인스턴트 싸구려 음식만 사 먹지 말고 운동도 하나 끊고 적당히 해."

"운동?"

내가 눈알을 위로 치켜뜨며 요가 필라테스 헬스장 등등 선택지를 떠올리는데, 소라가 그런 나를 보곤 말한다.

"됐고. 일단 거울 먼저 보라고. 안색이 칙칙한지 어떤지. 다크서클이 심하진 않은지, 눈알이 노래지진 않았는지 체크하고

관리하라고. 너, 건강 잃으면 다 잃어. 어? 돈돈돈 하면서 사는
것도 정도껏 해야 되는 거야."

현우가 어제 내게 했던 말과 똑같은 말이다.

돈이 수단이 되어야지, 목적이 되면 안 된다는 말.

내가 그렇게 티나나? 생각하며 머쓱한 듯 오른손으로 내 얼굴
을 쓰다듬다가 핸드폰에 눈알을 비춰보며 묻는다.

"눈알? 눈알은 어떻게 판단해?"

소라가 말한다.

"일로 와봐."

그러곤 삼겹살 집에서 내 다래끼를 걱정하던 그 표정으로 내
눈알을 뒤집어 까서 들여다본다.

"이 정도면 문제 없어."

나는 순간 눈알만 보고도 친구의 건강을 판단해 버리는 소라
의 엄근진 표정에 빵 터진다.

"아 미치겠다. 눈알 감별사~. 너무 웃겨! 감별 짱 잘해!"

속도 없이 울다가 웃으며 깔깔 거리는데, 소라가 그런 나를 보
며 피식한다.

시간이 얼마나 지났을까. 포크로 파스타 면을 집어보니 면이
퉁퉁 불어 터져 한 뭉텅이가 따라 올라온다.

"완전 떡돼서 못 먹겠다. 이서기 때문에 이렇게 됐잖아!"

소라는 엄한 훈장님에서 원래의 모습으로 돌아온다. 나는 후련한 표정으로 목살 스테이크를 열심히 슥삭슥삭 썰어 소라의 접시에 놔준다. 그동안 받아먹기만 하다가 처음으로 소라의 수발을 들어본다. 소라가 그런 나를 보고, 또 한 번 피식하다가 접시를 보더니 여정이에게 말한다.

"야, 얘 비계만 줬어. 이거 봐."

그러다 나를 보며 말한다.

"일부러 이러지 너."

나는 소라의 접시를 뺏으며 대답한다.

"아씨. 그럼 내놔. 내가 먹는다."

그러고 있는데, 슬기가 도착해서 인사를 한다.

"어어, 왔어?"

다들 반기는 중인데도 슬기는 미묘한 분위기를 단번에 알아채고 묻는다.

"뭐야, 분위기 왜 이래?"

그러다 내 빨간 얼굴을 보곤 말한다.

"뭐야. 뭔데 그래? 초상났어?"

영끌이란 말이 제일 싫어

"이서기랑 김소라. 푸닥거리가 일상이잖아. 근데 좋은 구경 다 끝났어."

"싸움 구경 끝났어? 좀 일찍 올걸."

"예준이는?"

"엄마한테 잘 맡기고 왔지. 싸움 구경 못해서 아쉽네. 아아~ 배고프다."

슬기는 자리에 앉자마자 포크를 집어들어 식사를 시작한다. 그렇게 네 명은 일제히 푸드파이터가 되어 음식을 열심히 뿌신다. 어느 정도 배를 채우자 여정이가 '아 맞다!' 하고서 우리에게 뭔가를 공지한다.

"아 맞다! 나 회비 6개월치 모아서 한꺼번에 내도 돼?"

우리는 한 달에 2만 원씩 회비를 걷어 모임 비용으로 쓰고 있다. 은행원이자 이 모임의 총무인 슬기가 목살 스테이크를 썰며 대답한다.

"그래, 맘대로 해."

"땡큐. 나 지금 통장에 8만 원 있어."

그러면서 핸드폰을 열어 우리에게 내밀어 보이며 친히 잔액을 인증한다. 소라가 화면을 보고선 묻는다.

"왜, 이번 달 카드값 많이 나왔어?"

"아니. 나 집 살 때 돈 모아놓은 거 싹 다 썼잖아. 근데 그게 끝이 아니더라. 인테리어 하려는데 왜 이렇게 비싸냐 진짜. 돈이 아주 줄줄줄 나간다 줄줄. 것 땜에 긴축재정정책 좀 써야 돼. 요즘 진짜 후달려. 후."

나는 그 말을 조용히 듣고 있다가 이번 달 급여 내역을 찍어놓은 사진을 내밀어 보여준다.

지급명세서

수당총액 : 2,111,000원

공제총액 : 1,173,400원

지급액 : 937,600원

여정이가 건성으로 쓱 보는 듯 하더니 다시 한번 화면을 들여다본다. 일, 십, 백, 천, 만, 소리내어 자릿수를 확인한다.

"90만 원이야? 월급이?"

여정이가 도무지 믿기지 않는다는 듯 재차 묻는데, 소라가 심각한 얼굴로 말한다.

"왜 이래? 징계 받았다더니 감봉 됐어?"

나는 무미건조한 표정으로 고기를 잘근잘근 씹으면서 대답한다.

"엊그저께 말이야, 급여 담당자가 웬일로 커피를 한 잔 사가지고 내 자리로 쭈뼛쭈뼛 오더라고? 그러고선 건강보험료가 6개월 동안 적게 빠져나갔다고 6개월치를 한꺼번에 공제해도 되겠냐고 그러는 거야. 미안하게 됐다면서."

"아, 그럼 이게, 공제된 게 다 건강보험료야?"

"아니. 건강보험료는 한 육십얼마. 나머지는 소득세, 지방소득세, 기여금 어쩌구 저쩌구야."

공무원 월급 쥐꼬리다, 박봉이다, 먹고 살기 힘들다, 허구한 날 징징 대는 내가 곡소리 하면 사람들은 '재 또 시작이야, 공무원만한 직업이 어딨다고 그래? 요즘 같은 세상에 안 짤리고 다닐 수 있는 직장이 있는 데 감지덕지할 것이지 정신도 못 차리고'

하면서 양치기 소년 무시하듯 관심도 안 준다.

그러다 이렇게 박봉의 '박'자가 뭔지 숫자로 직접 확인시켜주면 다들 숙연해진다.

나는 말이 없어진 친구들에게 찡긋 하면서 말한다.

"난 긴축재정이 생활이야."

소라가 내 불쌍한 척을 그냥 눈감아 주지 않고 바로 맹점을 지적한다.

"거지 코스프레 하지 마. 이번 달만 많이 공제된 거잖아. 이번 달이 평달이라 더 그런거고. 어디서 약을 팔아~."

역시 월급을 10년 넘게 받아본 직장인은 속일 수가 없다.

여정이가 그 틈을 타 본인의 쪼들림에 대해 강력히 어필한다.

"나 진짜 통장에 100만 원도 없는 게 처음이야. 카드 낼 때마다 잔액 없으면 어떡하나 심장이 두근두근 쫄려. 집 살 때 너무 영끌했나 봐."

슬기가 여정이의 말을 들으며 물을 한 모금 마시다가 컵을 테이블에 탁 놓고 말한다.

"영끌. 난 영끌이란 말이 제일 싫어."

우리 셋은 일제히 슬기를 본다.

슬기가 계속 말한다.

"다들 은행에서 대출이나 받아보고 그렇게 말하나? 영혼이라도 끌어와서 집 살 수 있으면 차라리 다행이지."

'집 사는 데 영혼이라도 팔 수 있다면 차라리 다행'이라는 슬기의 말에서, 현우가 결혼하기 전 신혼집을 먼저 사자고 했을 때의 그 단호한 얼굴, 단호한 말투, 단호한 눈빛이 떠오른다.

현우는 20살이 되던 해 서울에 있는 대학에 당당히 합격하고 고향 제주도에서 혈혈단신으로 상경했다.

학교 기숙사에서 나와 월세 33만 원짜리 노량진 고시원을 찍고, 월세 50만 원짜리 경기도 구석에 있는 화장실 딸린 원룸을 찍고, 전세 5000만 원짜리 경기도 어디에 있는 작은 오피스텔을 찍고서 지금 나와 살고 있는 이 신혼집, 서울 외곽의 33년 된 구축 아파트를 샀다.

2019년 4월 벚꽃이 만발한 어느 봄날.

나는 모처럼 새로산 원피스를 입고 예쁜 구두를 신고서 현우와의 데이트에 나갔는데, 현우의 손에는 웬일인지 나이키 운동화 박스가 들려 있었다.

벚꽃잎이 눈처럼 하늘하늘 내리는 어느 공원 벤치에 나를 앉히더니 내 발에 운동화를 신겨주고 신발끈을 메어주면서 내게 말했다.

"서기야."

"응."

"나 지금 살고 있는 오피스텔 다다음 달에 만기야."

"그래? 그럼 또 이사해야 돼? 이번엔 어디로 가?"

현우가 내 신발끈을 리본 모양으로 묶어주며 대답한다.

"이번에는 어디로 갈꺼냐면. 너랑 같이 살 집. 너랑 같이 살 집
으로 가려고."

쪼그리고 앉아 신발끈을 묶고 있는 현우를 나는 멍하게 바라
본다. 현우가 신발끈을 다 묶고 빙그레 웃으면서 나를 올려다
보고 말한다.

"집 보러 갈래? 나랑 평생 같이 살 집."

나는 현우가 지금 내게 하는 말을 곰곰이 생각해 보다가 이내
깨닫는다.

신발끈을 다 묶어주고 내 옆에 앉아 나를 빤히 바라보면서 뭔
가 대답을 기다리는 얼굴을 하고 있는 현우에게 나는 어이없
다는 듯이 묻는다.

"이거 설마 프로포즈야?"

그때, 현우가 주머니에서 뭔가 사부작 사부작 꺼내더니 내 왼
손 넷째 손가락을 잡고 나를 보며 헤헤헤 하며 하얗게 웃는다.
약지에 은색 실반지가 반짝한다.

남자친구는 '나랑 결혼해 줄래?'라는 통상적인 청혼 대신에

'나랑 집 보러 갈래?'라는 자본주의에 미친 자나 할 법한 청혼을 했고, 나는 또 흔쾌히 그것을 승낙했다.

그렇게 현우가 신겨준 운동화를 신고 5시간도 넘게 이 아파트, 저 아파트를 끝도 없이 걸어다녔다. 발바닥에서 불이 나고 입에서는 단내가 폴폴 났다.

나는 짜증을 내면서 말했다.

"하, 현우야 나 힘들어."

"많이 힘들어? 좀 쉴까?"

우리는 어느 아파트 상가 앞에 나란히 쪼그리고 앉아 잠시 휴식을 취한다.

나는 또 짜증을 내며 현우에게 말한다.

"요즘 다 전세로 시작하잖아. 꼭 사야 돼? 집을?"

현우는 평소와는 달리 좀 단호한 얼굴과 말투로 대답한다.

"전세는 안 돼. 절대로. 2년마다 철새처럼 옮겨다닐 거야? 나 이사다니는 거 힘들어 보인다고 했잖아. 나처럼 너 힘들게 하기 싫어 난."

"그럼 그냥 공무원아파트 살면 되잖아. 한 사람만 공무원이면 몰라도 부부가 공무원이면 최대 8년까지 살 수 있댔어."

"우리가 공무원 그만두면? 영원히 공무원이라고 장담할 수 있어? 만약에 계약 기간 다 되어가는데, 내가 불의의 사고로 세상에 없기라도 하면? 그럼 너는 그냥 쫓겨날거야? 그냥 길바닥에서 부랑자로 살 거야?"

불의의 사고로 날개가 꺾여 더 이상 날 수 없는 새가 말한다.

"사야 돼 무조건. 무조건이야."

무조건.

조건이 없다.

첫 집을 사는 데 필요한 조건 같은 건 없다. 나는 현우가 책임감이 강한 사람이란 것을 잘 안다. 내가 아무리 딴지를 걸어봤자 씨알도 안 먹힐 것을 잘 안다.

하지만 나는 더 이상 걷기가 싫어서 집을 사지 말아야 하는 이유를 하나 더 생각해 낸다.

인상을 조금 더 팍 쓰고 보다 심한 짜증 섞인 말투로 말한다.

"아, 아니이! 그리고 지금 그 오피스텔 전세금 5천밖에 없는 거잖아. 나도 입직한 지 몇 달 안 돼서 몇 백밖에 못 모았는데 그래서 무슨 집을 사냐고. 니 말대로 보금자리론이랑 신용대출까지 다 껴서 사면 그야말로 영혼까지 끌어모으는 거 아냐?"

현우는 내 말을 듣고 있다가 표정 없는 얼굴로 대답한다.

"영혼 챙길 여유가 있어? 이 몸뚱이 하나 누일 곳도 없는데?"

현우는 아마도 24살에 학교 기숙사에서 가차없이 내쫓겼을때 알게 되었을 것이다. 아파트로 가득 찬, 빽빽하고 빽빽한 이 서울땅에 본인의 몸 하나 편히 누울 손바닥만 한 방 한 칸이 없다는 것을. 그렇게 돌아갈 곳 없이 갈바닥에 내몰린 현우는 생존이 곧 꿈이 되었다.

현우는 특히 청혼을 한 지금은 본인만의 생존이 아니라 우리 둘의 생존을 위해서 집을 사야 하는데, 그건 '무조건'이라고 말하고 있다.

생수를 한 모금 마시더니 맞은편 아파트 단지를 보면서 말한다.

"저기 저 집 사는데 영혼이라도 팔 수 있으면 좋겠다 난."

그렇다.

우리는 영혼같이 실체가 없는 것을 끌어온 적이 없다. 현우, 슬기 말처럼 차라리 집을 사는 데 영혼을 팔 수 있다면 행운이다.

은행에서도 직업이 없으면, 재직증명서가 없으면, 원천징수영수증이 없으면, 이 사람은 실체가 없다고 판단한다.

철저하게 눈에 보이는 숫자와 그것을 증명할 수 있는 새빨간 직인이 찍혀 있는 증명서에 의존해서만 판단하고, 실체가 없다고 판단된 유령에게는 단 1원도 대출을 받을 수 없다. 멋모르고 그냥 한번 가본 은행에서 유령 취급을 받고나면 젊은이들은 그제서야 영혼이라는 것이 얼마나 쓸모가 없는 것인지 깨닫게 된다.

'영혼을 다 바쳤어'라는 말은 사실 아무것도 바치지 않았다는 말이다. 그래도 우리는 끝까지 의심의 끈을 놓지 않는다.
이성을 가진 만물의 영장답게 내 몸뚱아리와 영혼을 저울에 달아서 정확하게 경중을 따져본다. 영혼은 고작 1그램인데 몸뚱이는 50킬로그램이 넘는다.
나는 이 50킬로그램이 너무나 무겁다. 버겁다.
그 위에 얹혀 있는 1그램을 덜어낸다한들 티도 안 난다.

'영혼까지 팔아 집 사는 안타까운 2030'

이런 뉴스의 헤드라인을 볼 때마다 나는 가슴이 답답하다. 몸뚱이의 생존을 위한 젊은이들의 '내몰린' 선택을 전혀 이해하지 못한 글이다. 당장 이 몸뚱이 하나도 건사하지 못하게 생긴 마당에 2030은 영혼 같은 건 돌아볼 여유 자체가 없다.
또 몸뚱이의 생존을 위해서 어쩔수 없이 내린 결정을 누군가는 적폐라고 비난한다. 고작 안전 욕구 하나만을 충족시켰을 뿐인데 욕심쟁이라며 손가락질한다.

누군가의 비난처럼 내 집을 갖는 게 욕심이라면 우린 짐승만도 못하다. 한낱 작은 새도 알을 낳기 전엔 본능적으로 둥지부터 틀고 본다. 남의 둥지를 빌린다거나, 둥지가 아닌 곳에 알을 낳지 않는다.

우리가 짐승만도 못한 취급을 받을 이유는 없다. 인간으로서의 존엄성은 개인이 알아서 지켜야 한다.

누군가 지켜주겠지, 아니면 세상이 지켜주겠지, 하는 안일한 생각으로, 순진한 얼굴로 손을 놓고 앉아 있다간 큰코 다치기 십상이다. 그들의 기대와는 다르게 세상은 결코 순진하지 않기 때문이다.

나와 현우는 우리의 둥지를 샀다.

우리는 대단한 부자가 되고 싶었던 게 아니다. 그저 인간답게 살고 싶었을 뿐이다. 그냥 그뿐이다.

패닉바잉

나는 슬기의 영끌 혐오론을 듣다가 고개를 끄덕끄덕 한다.

"맞아. 근데 영끌이란 단어는 좀 유행 지난 듯."

소라가 갸우뚱한다.

"유행? 뭔 유행."

"영끌은 하도 많이 들어서 이제 좀 무뎌졌어. 요즘은 패닉바잉
이라는 말이 좀 와닿아. 완전 잘 지었어."

여정이가 격공하면서 대답한다.

"맞아 패닉바잉. 집 계약할 때 영감님 삼성 번호키 때문에 정
신 나갈 뻔한 거 생각하면 진짜로 패닉이라는 말이 딱 맞아."

나는 여정이의 말을 듣다가 쏩, 하고 고개를 절레절레 가로젓
는다.

"아니야. 그런 패닉이 아니고 패닉바잉이 맞지."

그러곤 5초 정도 실눈을 뜨고 골똘히 생각한다.

"한국 말로는 추격매수. 그냥 겁나게 쫓기는 거지."

생각이 정리된 나는 말 속도를 1.25배로 높이고는 일인극에 돌입한다.

"잘 들어봐, 이게 패닝바잉이야. 아침에 일어났는데 늦잠을 잔거야. 헐레벌떡 대충 옷을 걸쳐 입고 나왔는데 버스가 이제 막 부릉부릉 떠나고 있어. 근데 배차 간격이 막 30분이야. 놓쳤다간 바로 지각하는 거지."

"그래서 그냥 앞뒤 안 재고 열씸히 뛰는 거야. 떠나는 버스 좀 올라타 보려고. 엄청 뛰어서 겨우 버스를 세웠는데, 기사님이 그러는 거야. 자리가 없대. 근데 진짜 만원이야, 빈틈이 없어. 그래도 난 애걸복걸해. 금방이라도 울 것 같은 표정으로. 제발, 나만. 딱 나까지만 태워달라고 빌고 또 빌어. 그래서 기사님이 '아, 알았으니까 빨리 올라타요! 뒤에서 빵빵하잖아! 거어참~!' 하면서 엄청 구박해. 그래도 난 좋다고 올라타. 그리곤 버스가 출발하지."

"헥헥 거리면서 창밖을 내다보는데 이 버스에 못 탄 사람들이 아주 수두룩 빽빽해. 난 비록 찌부된 채로 땀을 빨뻘 흘리고 낑겨 있어도 휴우, 하고 가슴을 쓸어내리지. 이런 느낌이 패닉

222

바잉이야."

소라가 나의 아웃사이더급 래핑을 감상하다가 이내 감탄한다.

"패닉바잉 네 글자에 그렇게 길고 긴 서사가 들어 있는 거야?"

나는 후하후하, 심호흡하면서 말한다.

"응. 생각만 해도 숨차다."

여정이도 턱을 괴고서 내 모노드라마를 감상하다가 말한다.

"서기야. 넌 내가 문예창작과 써보라고 했잖아. 왜 적성에도
안 맞는 건축학과를 가가지고 팔자에도 없는 자퇴를 했어."

나는 수박 주스를 꼴깍 마시며 말한다.

"건축학과가 쫌 간지 났잖아 그때는."

여정이가 대답한다.

"결국 간지 타령하다가 수험생 생활 시작한 거 아니야? 근데
그런 말이 아직도 나와? 속도 없네 진짜."

"그렇게 따지면 내가 이과를 간 것부터가 잘못이야. 그래서 만
약에 이과 안 갔잖아? 그럼 내가 2학년 3반 못 갔지? 못 갔잖
아? 그럼 너네랑 친구 못 했지?"

한성고등학교 2학년 3반, 동창 김소라가 말한다.

"근데 넌 왜 이과를 썼어? 너 숫자 싫어하잖아."

"체육쌤이 이과만 들어간다고 해서 이과 썼는데? 별다른 이유
는 없었어."

소라가 어이없다는 표정을 한다.

"넌 진짜 대책이 없구나. 노답이네 진짜로. 근데 어떻게 또 공무원도 되고 집도 사고. 살긴 잘 살아가네. 그것도 신기하다야."

슬기가 맞장구친다.

"얘 원래 안하무인이잖아. 누구 말도 안 듣고 지 끌리는 대로만 하기. 근데 말하니까 갑자기 체육 이정민 쌤 생각난다. 거의 만인의 연인이었는데, 잘 사시나 몰라."

나는 인상을 쓰고 포크를 내려놓는다.

"야. 그때 우리 고3 올라갈 때 박희진 기억나지? 수학쌤. 그 사람이랑 결혼했잖아. 진짜 짱났잖아 그때. 둘이 데면데면하고 맨날 그러더니만 갑자기 결혼. 하, 연기 대상감이야 아주!"

추억팔이에 신난 나를 여정이가 가만히 바라보고 있다가 이내 진지하게 묻는다.

"근데. 너 후회 안 해? 네가 크게 고민 안 하고 기분따라 했던 결정들. 갑자기 그게 궁금해진다 난."

여정이의 진지한 질문에 단 하루도 자책을 안 한적 없었던 나의 20대 시절을 떠올린다.

잠시 말을 멈췄다가 입을 뗀다.

"후회 많이 했지. 거의 뭐 하루에 골백번씩."

슬기, 여정, 소라가 나를 일제히 본다.

"근데 말야. 이제와서 돌아보면 다 이유가 있는 결정이었더라고. 내가 지금까지 너희랑 이렇게 친구로 지내고, 어쩌다 공무원 돼서 아침부터 밤까지 숫자 맞추기만 하고 있는 걸 보면 말이야. 사소한 줄만 알았던 결정들의 나비효과가 이렇게나 크다, 이 말이야."

소라가 '그걸 이제야 알았어?' 하는 표정으로 내게 말한다.

"그래. 원래 인생이 가까이서 보면 우연의 연속인데 멀리서 보면 하나의 결론을 향한 필연이더라. 그리고 이 사실은 경기에 직접 참가하는 선수 시절에는 절대 몰라. 골키퍼가 지금 당장 눈앞의 공부터 막아내야 하는 것처럼 인생도 사는 거에 급급하면 알 수가 없어. 경기가 다 끝나고 고요하게 앉아서 경기 내용을 복기해 볼 때나 알게 되는 거야. 그니까 인생에는 예습이 없는 거지. 복습만 있고."

그러다 소라가 나를 보며 따뜻한 미소를 짓는다.

"그니까 니가 그렇게 돌아갔다고, 시행착오가 있었다고, 자책할 필요도 없는 거야. 예습도 못했는데 공부를 잘할 순 없잖아. 난생처음 펴본 수학익힘책을 단숨에 술술 풀어서 다 맞을 수는 없다고. 틀리고, 다시 풀고, 새로 채점해 가면서 사는 거지."

나는 소라의 말에서 어떤 비범함을 느낀다. 얘는 지금 인생 2회차를 살고 있구나, 하고 감탄한다.

그래도 난 끝까지 장난친다.

"수학익힘책? 야, 연배 나오잖아. 쎈수학 아냐, 요즘은?"

우리는 서로 마주보며 피식 웃는다.

청약, 청약이 답이야

몇 주 후 토요일, 이태원 소라네 집.

우리는 시간이 되는 사람끼리 또 모임을 갖기로 했다. 슬기는 예준이를 데려오기로 했고, 라라와 여정이는 약속이 있어 참석하지 못한다고 했다. 나는 모처럼 아침 일찍 일어나 빨래를 해놓고 이태원으로 출발했다.

집에 도착하자 소라는 나를 반갑게 반기고서는 커피 마시는 시늉을 한다.

"여기 앉아서 좀 쉬고 있어. 아아?"

끄덕끄덕 하는 나를 보고는 부엌으로 가서 커피를 내린다. 소라는 풍성하게 크레마가 쌓인 에스프레소 한 샷을 내려 얼음이 가득 담긴 투명한 유리잔에 옮겨 담는다. 나는 아이스 아메

리카노를 한 입 마시면서 감탄한다.

"크아, 역시 커피 맛집. 근데 오늘 메뉴는 뭐야? 예준이도 오는데."

그때, 초인종이 울리고 소라가 현관문을 열어 뭘 받아온다.

"이거. 예준이 먹을 거."

소라가 들고 있는 봉투를 자세히 보니 '본죽'이라고 쓰여 있다.

"예준이 아직 이유식 먹는다더라고? 근데 어떻게 만드는지도 모르겠고 해서 그냥 시켰어. 예준이가 좋아할지 모르겠네."

소라가 바스락바스락 비닐을 벗기고 포장용기를 열어놓는다.

"왜 열어놔? 식잖아."

"식혀야 아기가 먹지."

"아하."

소라는 나를 보며 어이없다는 듯 웃는다.

"내가 좀 도와줄게."

자리에서 일어나는데 이번엔 우리가 기다리던 진짜 손님이 초인종을 누른다.

"어? 슬기 왔다."

문을 열고 들어온 슬기는 예준이를 안고 있다. 슬기의 보석이고, 슬기의 우주이고, 슬기 그 자체인 예준이를 품에 안고 있다.

보석을 안고는 있는데, 슬기의 몰골은 아주 초췌하다. 머리는 산발이고 퇴근이 없는 육아에 지쳐 턱끝까지 내려온 다크 서클이 눈에 띈다. 검은색 양말에 크록스 샌들을 신고 있는데 산더미만 한 백팩을 메고 왔다. 예준이가 잡고 늘어져 잔뜩 늘어난 검은색 티셔츠에 헐렁한 임부복 차림이다. 작고 예쁜 보석이 슬기의 뱃속에 있을 때부터 뱃속에서 나와 세상의 빛을 보며 조금씩 크기 시작할 때까지 슬기는 여전히 임부복을 입고 있다. 마지막으로, 예준이를 안고 있는 슬기의 양쪽 손목에 손목보호대가 눈에 띈다.

키 160센티미터에 몸무게 45킬로그램.

제일 마르고 제일 작은 슬기가 더욱더 말라서 부서지기 직전이다. 그런 몸으로 감당하고 있는 것은 보석에 대한 책임감의 무게일 것이다. 슬기의 손목보호대를 보자 그 무게가 고스란히 느껴진다.

슬기가 우리를 보며 인사한다.

아니, 아직 말도 하지 못하는 예준이의 입을 빌려 인사한다.

"이모들, 안녕하세요. 예준이 왔어요~."

우리에겐 딱히 관심 없어 보이는 예준이의 고사리 손목을 붙잡고 까딱까딱 흔든다.

그때 소라가 내 등을 떠밀며 말한다.

"생각보다 일찍 왔네 김슬기. 나 빨리 준비해야겠다. 이서기 뭐하냐 가만히 서가지고. 예준이 좀 안아주고 그러지?"

"어?"

우물쭈물하는 나를 보긴 한 건지, 망설일 틈도 없이 슬기가 예준이를 내 품에 안겨준다.

"좀 안고 있어 봐. 나 짐 좀 풀게."

나는 어정쩡한 자세로 예준이를 안는다. 안긴 안는데, 예준이나 나나 피차 이 자세가 불편하다. 어찌할 바를 몰라 허둥대고 있는데 예준이가 그릉그릉 불편한 마음을 드러내기 시작한다. 거실 한 쪽에서 쪼그리고 앉아 산더미 가방을 풀고 있던 슬기가 나에게 달려와 예준이를 안고 있는 내 자세를 고쳐준다.

"야야, 이렇게. 한 손으로 엉덩이 받치고, 이렇게. 너 이래서 애 키우겠냐?"

나는 슬기가 교정해 준 그 자세 그대로 예준이를 안고 서 있다. 내 얼굴 밑에 있는 작은 예준이의 머리통에서 스멀스멀 아기냄새가 올라온다.

예준이는, 아니 슬기의 전부인 이 보석은 작고 하얗고 보드랍고 연약하다. 너무나 연약하다. 내 작은 몸짓에 예준이가 꺾일까 봐, 스크래치가 날까 봐 조금도 움직일 수가 없다. 그 모습을 보더니 소라가 말한다.

"예준이 왜 저렇게 순해. 가만히 안겨 있네? 울지도 않고."

화장실에서 손을 씻고 나온 슬기가 말한다.

"원래 낯가림 심한데 오늘 좀 이상하네?"

나는 용기를 얻어 예준이의 머리통을 조심스럽게 쓰다듬어 보
는데, 그 부드럽고 따뜻한 감촉에 나도 모르게 엄마 미소가 나
온다.

그 모습을 본 슬기가 말한다.

"오 이서기. 자세 나오네?"

30분 후.

슬기와 나는 소라가 뚝딱 만들어 준 떡볶이를 상에 놓고 둘러
앉았다. 슬기가 거실 한쪽에 있는 보행기에 앉아 장난감을 가
지고 노는 예준이를 슬쩍 보며 우리에게 말한다.

"저거 값 좀 나가 보이는데. 너무 무리한 거 아니야?"

나는 떡볶이 속 어묵을 골라내며 말한다.

"야. 우리가 저 정도도 못 해주면 안 되지."

소라가 부엌에서 청귤에이드를 세 잔 만들어 가져온다.

"슬기야. 일단 떡볶이 좀 먹어. 예준이 이거 떡뻥 좀 줘도
되지?"

"아~ 좋지!"

소라가 아까 마트에서 산 떡뻥 봉지를 들고 예준이에게 간다.

예준이를 어화둥둥 우리 아기, 해준다.

"우쭈쭈, 오야오야~ 아이구 잘 먹네~."

예준이는 진짜로 순한 아기다. 음소거 기능이 있는 건지 한번 칭얼거리는 소리가 없다.

"예준이는 무슨 음소거 기능이 있는 것 같아. 어떻게 저렇게 아무 소리도 안 내고 잘 놀지?"

슬기도 신기한 듯 예준이를 한번 힐끔 보고는 대답한다.

"아니. 진짜 이상하네 쟤가. 원래는 칭얼대고 울고불고해야 정상인데 왜 저러지?"

슬기는 조금 어두운 얼굴로 떡볶이를 뒤적대다가 이내 애써 웃으며 말한다.

"철들었나 보지 뭐~."

나는 본격적으로 접시에 코를 박고 떡볶이를 먹으려는데 슬기가 포크로 깨작깨작 대면서 말을 꺼낸다.

"나 지금 사는 공무원 아파트, 내년 초에 나가야 돼."

공무원인 나는 얼른 머릿속으로 년수를 계산하고는 고개를 갸우뚱한다.

"아직 6년 안 됐는데? 결혼하고 예준이 낳고 한 2년 남았잖아."

슬기가 청귤에이드의 빨대를 빙빙 돌리며 대답한다.

"결혼 전에 오빠가 1년 반 정도 먼저 살고 있었어. 그래서 년 수가 다 차버렸더라고."

소라가 조심스럽게 말한다.

"그럼 슬기야, 이참에 집을 사는 건 어때?"

나도 맞장구를 친다.

"맞아. 너 작년엔가 천오동 튤립아파트 알아봤잖아. 거기 진짜 괜찮아. 용적률도 낮고. 거기도 재건축 뿜뿜 받아서 많이 오를 거야."

슬기는 우리의 말을 듣더니 갑자기 눈을 세모낳게 뜬다.

"나 배 아파서 못 사겠어. 못 사. 아니, 안 사. 절대로."

우리는 일제히 슬기를 본다. 슬기가 계속 말을 이어나간다.

"거기, 1년 반 전에 내가 알아봤을 때만 해도 4억이었는데 이제 6억 가더라. 나 계약서 쓰기 직전까지 갔었는데. 내가 그것만 생각하면 속에서 열불천불 울화통이 터져서 잠을 못 자."

소라는 슬기의 말을 듣다가 슬기의 빈 접시를 가져와 떡볶이와 차돌박이를 떠주며 말한다.

"그래. 그럴 수 있지. 그럼 청약? 너 청약 열심히 공부하고 있었잖아."

청약 소리를 듣자 방금까지 세모눈을 하고 분노하던 슬기의 표정이 확 풀리며 얼굴에 화색이 돈다. 나는 아수라백작 같은 슬기의 태세전환에 좀 놀란다. 슬기는 원래 감정을 표출하는 법이 없는 친구였는데 표정이 아주 다양해졌고, 또 그 전환 속도가 너무 빠르다. 슬기가 걱정된다. 꼭 수년 전 위태롭던 내 모습을 보는 것 같다.

기대에 찬 얼굴로 슬기가 말한다.

"야 그래, 청약. 청약이 답이야. 난 새 아파트에 살고 싶다고. 튤립아파트 같은 썩다리가 아니라."

그 말을 듣는데 33년차 썩다리에 살고 있는 나는 할 말이 없어진다. 기분이 나빠서 할 말이 없는 게 아니다. 이렇게 주변 생각을 안 하고 말하는 애가 아닌데, 나는 슬기가 진심으로 걱정되서 묻는다.

"슬기야. 근데 너 잠 못 잤어? 예준이 보느라?"

"잠 못 자지 당연히. 예준이도 봐야 하고 출근도 해야 하고. 청약 유튜브도 봐야 하고. 참, 나 청약 전문가 인강도 신청해서 듣고 있어."

"근데 머리는 왜 갑자기 새까만 색으로 염색한 거야? 너 염색 안 하잖아. 아니, 못 하잖아. 두피에 알러지 있다고."

우리의 안색만 보고도 건강 상태를 체크할 수 있는 소라가 슬

234

기에게 묻는다. 그러고는 슬기의 이마를 유심히 살핀다.

"너 헤어라인에 빨갛게 두드러기 올라온 거 같은데 괜찮은 거야?"

소라의 걱정이 무색하게 슬기는 반짝이는 눈을 하며 오늘 중 최고로 신난 목소리로 대답한다.

"아, 진짜. 이깟 두드러기가 중요한 게 아니야. 내 말 좀 들어 봐. 내가 얼마 전에 예준이 어린이집 엄마들이랑 신점을 보러 갔단 말이야."

나는 놀라서 대답한다.

"신점? 너 그런 것도 봐? 너 사주도 안 보러 가잖아. 인생에 편견 생긴다고."

"내가? 내가 언제? 아 몰라 몰라. 암튼 말야, 내가 신점을 보러 갔는데 거기 무당이 아직 신기가 바짝 올라 있더라고. 내림굿 받은 지 얼마 안 돼서. 내림굿 받고 시간 점점 지나면 지날수록 신빨 떨어지는 거 알지?"

슬기는 내 질문을 깡그리 무시한다. 마치 한 곳을 향해 미친듯이 달려가는 경주마가 된 것 같다. 경주마는 주변을 둘러볼 수가 없다. 오직 저기 저 앞, 결승선에 다다르는 것만이 삶의 목표이기 때문이다. 그렇다면 슬기의 결승선에는 무엇이 있을까. 무엇이 있길래 슬기를 이렇게 변하게 만든 것일까.

슬기의 청귤에이드 잔이 식탁에 위태롭게 걸쳐져 있다. 금방이라도 마룻바닥에 떨어져 산산조각 날 것 같다. 나는 슬기의 잔을 잡아들어 식탁 한 가운데로 옮겨 놓는다. 그러곤 모서리에 걸쳐져 있는 유리잔처럼 위태위태해 보이는 슬기의 말을 유심히 듣는다.

"근데 그 무당이 말이야 글쎄, 내 사주에 반짝반짝하는 집이 있다는 거야. 그게 자기한테는 보인대."

소라도 나와 같은 표정이다.

먹던 떡볶이를 옆에 제쳐 두고 슬기 이야기를 듣는다. 아니, 슬기의 표정과 동태를 살핀다. 얘가 이대로 괜찮은 건지, 어디까지 달려가고 있는 건지, 그 궤도가 위험한 건 아닌지, 우리는 알고 싶다.

소라가 가라앉은 목소리로 대화에 맞장구를 친다.

"응. 그래서?"

"근데 그걸 공짜로 얻을 수 있는 게 아니고 내가 해야 할 게 있다는 거야? 그래서 내가 그게 뭐냐고, 당장하겠다고 물었더니 머리부터 발끝까지 검은색으로 휘감아야 한대."

"아…."

나는 나도 모르게 목덜미를 주물주물 한다. 신경이 바짝 곤두서는 느낌이다.

그러고 보니 슬기의 머리는 물론 옷, 양말까지 모두 검은색이다. 심지어 생전 메니큐어를 바르지 않은 슬기가 손톱에 검은색 매니큐어까지 덕지덕지 발라놨다. 예준이를 슬쩍 보는데, 예준이의 옷까지 모두 검은색이다.

"그래서 예준이도 저렇게 검은색 옷 입힌 거야?"

"응. 내 운이 우리 예준이한테도 가게 하려면 예준이와 나를 동일시 해서 똑같이 만들어야 한대. 근데 우리 예준이도 나 닮아서 머리가 연한 갈색이란 말야. 헤나염색 해줄까 하다가 오빠가 말려서 못했어."

나와 소라는 말을 잃는다. 무슨 말을 어떻게 해야 할지 도저히 생각이 나지 않는다. 슬기는 계속 말을 한다.

"그니까. 그 반짝반짝한 집이 도대체 뭐겠냐고. 청약이 된다는 소리잖아? 내가 이번에 넣은 청약, 얼마나 공들여서 알아보고 넣었는데. 그걸 어떻게 알고 그 무당이 그렇게 말을 했을까? 내가 진짜 너무 소름이 끼쳤다니까? 하하하."

나는 소라를 본다.

소라도 나를 본다.

우리는 정면으로 눈이 마주친다.

슬기의 경주마는 지금도 달리고 있다. 앞만 보고 달리는 슬기에게 오랜 친구들의 눈빛 교환을 알아챌 여유 같은 건 없다.

소라가 최대한 동요하지 않은 얼굴을 하고 묻는다.

"그래서 검은색, 그것만 하면 된대 그 무당이? 뭐 굿을 하라거나 그런 말은 안 했고?"

슬기가 소라의 말을 듣더니 '역시 김소라 예리해~' 하는 표정을 하고는 옷에 가려져 보이지 않았던 목걸이를 주섬주섬 꺼내 보여준다. 목걸이 줄에 세모 모양 금색 펜던트가 달려 있다.

"이거 샀어. 봐봐. 요즘은 무당들이 부적 안 써주고 이런 펜던트를 팔더라? 막 노란 종이에 빨간 글씨는 보기도 흉하고 종이는 또 금방 삭잖아. 이게 부적 대신이야. 대박이지?"

나는 묻는다.

"그래서 이게 얼만데? 아니, 이게 무슨 뜻인데?"

슬기가 나를 보곤 몇 초간 말을 않더니 이내 좀 가라앉은 톤으로 말한다.

"…. 거지 되지 않게 해주는 거. 벼락거지말야."

나는 내가 잘못 들은건가 해서 묻는다.

"뭐?"

슬기가 나를 똑바로 보며 소리친다.

"들었으면서 모른 척 하는 거야? 거지되지 않게 하는 부적이라고! 나 지금 벼락거지잖아! 아니야?!"

나는 슬기의 호통에 당황해서 순간 얼음이 된다. 이런 모습은 18살에 슬기와 처음 친구가 된 이래로 한 번도 본 적이 없다. 새카만 머리에 숯검댕이 눈썹을 하고 나에게 호통을 치는 내 오랜 친구의 모습이 너무 당황스럽다. 아니, 공포스럽다.

엄마의 무서운 모습을 보고 놀라진 않을까 예준이를 찾아보는데 예준이가 평화롭게 장난감을 가지고 놀고 있다. 휴, 하고 안심하며 고개를 돌리는데 소라 집의 통창을 통해 쏟아지는 햇빛을 받아 반짝이는 예준이의 목걸이가 눈에 걸린다. 슬기의 목에 걸려 있는 펜던트와 똑같은 것이 예준이 목에도 걸려 있다.

소라가 갑자기 일어나 주방에서 두꺼운 머그컵에 따듯한 물을 한잔 따라온다.

"슬기야, 이것 좀 마셔. 너 추워? 입술이 좀 보라색이네."

슬기는 소라가 건넨 물을 쪼로록 하곤 한 모금 마신다. 소라는 내게 눈짓을 한번 하고 나서 슬기에게 말한다.

"예준이 먹으라고 죽 사놨거든? 이제 좀 먹여야 하지 않을까?"

슬기가 놀고 있는 예준이를 슬쩍 보더니 대답한다.

"예준이가 요즘 잘 안 먹어. 몸도 많이 말랐어. 내가 떠먹여 주는 거 그대로 뱉어내고. 평균 몸무게보다 한참 아래야. 어떻게 해야 할지 도저히 모르겠고. 진짜 힘들다."

초보 엄마의 얼굴에 슬픔이 드리운다.

나는 분위기를 반전시킬 겸 자리에서 일어난다.

"내가 한번 먹여볼까? 아까 내 품에도 잘 안겨 있었잖아."

소라가 식혀 놓은 죽과 작은 밥그릇을 가지고 식탁으로 온다.

슬기가 나를 보며 말한다.

"그럴래? 그럼 그래 주라. 나 여기에서만이라도 좀 편하게 있

게. 저기 내 배낭에 예준이 전용 숟가락 있어. 그걸로 먹이면

돼."

나는 슬기의 배낭에서 조그맣고 말랑한 예준이 이유식 전용

숟가락을 꺼낸다. 그러곤 죽을 조그만 밥그릇에 삼분의 일만

채워질 정도로 덜어낸다.

죽을 뒤적뒤적 해서 한 번 더 뜨거운 김을 날리고 제대로 식었

는지 입술에 살짝 대보고는 예준이에게로 가서 쪼그려 앉아

밥 먹이기를 시도한다.

예준이는 한 손에는 밥그릇, 한 손에는 이유식 숟가락을 든 나

를 보고 반짝이는 눈을 꿈뻑꿈뻑 하더니 내가 떠주는 죽을 꿀

꺽꿀꺽 잘도 받아 먹는다. 앙증맞은 앵두입술로 음냠냠냠 되

새김질 해가면서 며칠 굶었다가 밥 먹는 아이처럼 한 방울 흘

리지를 않고 모조리 먹는다.

밥 먹이기를 시도한 지 10분도 채 안 되어서 밥그릇에 담긴 죽이 싹싹 비워진다. 예준이는 다음 숟가락을 기다리고 있는데 내가 주지 않자 칭얼대기 시작한다. 소라와 무언가 대화를 나누고 있던 슬기가 귀신같이 그 소리를 알아채고는 나를 보고 말한다.

"거봐. 먹기 싫다고 고개 돌리지?"

나는 슬기에게 비워진 밥그릇을 보여주며 말한다.

"아, 아니. 벌써 다 먹었어. 더 달라고 칭얼대는 것 같은데 더 줘도 되는 거야?"

슬기는 당황스러운 표정을 짓는다.

"어? 다 먹었다고? 응, 더 줘도 되지. 근데… 조금만."

그러곤 고개를 돌려 나와 예준이를 등지고 조그만 목소리로 중얼댄다.

"아니. 쟤가 왜 잘 먹지. 왜…."

나는 죽을 조금 더 덜어서 예준이에게 마저 먹이고서는 죽그릇을 씽크대에 가져다 놓고 다시 식탁에 와 앉는다.

슬기는 아직도 청약 얘기를 하는 중이다.

"사실 오늘 청약 당첨자 발표하는 날이거든? 오늘 5시에 발표한다는 공지를 봤는데. 지금 몇 시지?"

나는 핸드폰으로 시간을 확인한다.

"지금 4시 45분."

슬기가 기대에 찬 얼굴로 말한다.

"오, 15분 남았네."

소라는 15분 후의 슬기가 걱정되는 듯 어색하게 웃으며 말한다.

"이번에 안 돼도 너무 걱정하지마~. 3기 신도시 청약은 아직 시작도 안 했고, 정 안 되면 집 사버리면 그만이야. 알지?"

소라의 말을 들은 슬기가 또 버럭한다.

"야. 너 부정타게 그런 말을 왜 하는데? 내가 이번에 왜 안 되는데? 내가 안 됐으면 좋겠어?"

좀처럼 당황하는 법이 없는 소라가 당황한 표정을 한다.

3기 신도시? 그거 상상 속의 도시 아니야?

"그게 아니라 나는…."

슬기가 소라의 말을 다 듣지도 않고 소라의 말 위에 성난 목소리를 얹는다.

"3기 신도시? 그거 상상 속의 도시 아니야? 그게 언제부터 나온 말인데. 아직 삽도 안 뜬 걸, 그걸 기다리라는 거야 지금? 난 내년에 공무원 아파트 나와야 하는데? 공무원 아파트에 우리 전세금 묶여 있는 동안 다른 집 전세금은 두 배로 뛰었어. 우리 예준이 데리고 갈 데도 없는데 당장. 그게 당장 내년인데! 근데 언제가 될지도 모르는 3기 신도시를 기다리라고? 어?!"

나는 궤도를 이탈하려는 슬기의 경주마를 붙잡는다. 슬기의 팔을 꼭 잡고 말한다.

"슬기야. 진정해. 소라가 그런 뜻으로 한 말 아닌 거 알잖아. 물 마셔. 물."

슬기는 내 손을 뿌리치며 말한다.

"내가 이번에 안 될 리가 없어. 내가 얼마나 공부했는데. 매일 밤 새워서 알아보고 얼마나 간절하게 기도했는데. 왜 안 된다고 해? 내가 왜 안 되는데?"

나를 보는 슬기의 눈에 눈물이 가득하다. 그 눈빛에는 다양한 것들이 뒤엉켜서 나를 보고 울부짖고 있다.

불안함, 초조함, 슬픔, 좌절감, 그리고 나의 아들, 나의 하나밖에 없는 분신을 감당하기엔 너무나도 벅찬, 무거운 책임감.

위태로워 보이는 슬기를 보자 나도 모르게 눈물이 나온다. 흐르는 눈물을 대충 손으로 닦아내다가, 소라가 건넨 티슈를 받아 슬기에게 건넨다.

나는 일단 슬기가 원하는 대답을 해주기로 한다.

"슬기야. 네 말이 맞아. 될 거야. 돼."

슬기가 나를 보곤 울면서 말한다.

"서기 너, 그때 우리집 앞 공원에 와서 뽕따 줬을때 된다고 했잖아. 니가 나 청약 된다고 했잖아. 우리 예준이가 복덩이니까 난 된다며. 맞지? 응?"

244

슬기가 내 손을 잡는다. 나는 불안감에 부들부들 떨고 있는 슬기의 손을 더 꽉 잡는다.

띠링!

슬기의 핸드폰이 울린다.

'청약 발표'라고 쓰여진 리마인더를 띄우며 경박할 정도로 시끄러운 알람 소리를 낸다.

슬기가 급하게 핸드폰을 들어 알람을 끄고 청약홈에 로그인해 들어간다.

나는 소라의 얼굴을 본다.

소라도 나를 본다.

결과를 확인한 슬기가 이내 혼잣말을 한다.

"왜 이러지, 이거 오류났나? 왜… 이게 왜….”

나는 두 손으로 얼굴을 감싼다.

슬기는 청약홈에 열 번 넘게 로그아웃과 로그인을 반복한다. 그러다 점점 현실을 깨닫고 눈물을 줄줄 흘리면서 정신이 나가버린 사람처럼 중얼거린다.

"왜 또 아니지? 왜 안 됐지? 무당이… 무당이 하라는 대로 다 했는데. 무당이 나한테… 이번 달에 횡재수가 있다고도 했어. 대운이 들었다고 했단 말이야. 근데 왜. 왜 안 된거냐고. 왜…

왜 나만 맨날….”

가만히 보고 있던 소라가 자리에서 일어나 슬기의 핸드폰을 뺏는다.

“김슬기. 그만해.”

슬기가 눈물 범벅인 얼굴로 소라를 올려다본다.

“너 이렇게 무너지면 안 되잖아. 너 엄마 잖아. 예준이 엄마. 예준이 생각해. 예준이 생각해서 맘 가라앉혀. 일단 화장실 가서 세수하고 정신 차리고 와. 응?”

슬기는 소라의 말을 듣고 넋이 나간 사람처럼 10초 정도 멍하니 통창 밖의 화려한 이태원 거리를 응시한다. 그러다 이내 자리에서 일어나 터덜터덜 화장실로 간다.

슬기가 화장실 문을 열고 들어가자 나는 소라에게 묻는다.

“김슬기 어떻게 해?”

소라가 답한다.

“모르겠어.”

나는 다시 묻는다.

“슬기 오늘 차 가지고 왔댔지? 저 상태로 운전해서 집 갈수 있나?”

우리 둘은 잠시 눈을 마주쳤다가 각자 고개를 떨군다.

그때 마침 누군가 번호키를 띠띠띠띠띠띠 누른다.

"어? 오빠 왔나?"

소라가 급히 현관문으로 달려나간다.

나도 자리에서 일어나 현관문을 보는데, 소라 남편이 한쪽 손에 케이크를 사들고 나를 보며 반갑게 인사한다.

"어어~ 오랜만이네? 잘 지냈어?"

나는 머쓱하게 인사한다.

"안녕하세요, 오빠 잘 지내셨죠?"

소라의 남편인 민기 오빠와는 결혼 전부터 몇 번 만나서 안면이 있는 사이다.

"응. 나야 뭐~. 맛있는 거 많이 먹었어?"

그러더니 거실 한쪽편에서 보행기를 타고 방방 뛰며 놀고 있는 예준이를 보곤 말한다.

"아이고~ 우리 아기 도련님도 오셨네에~ 아고 이뻐라."

그러곤 지갑에서 5만 원짜리 두 장을 꺼내 예준이에게 다가간다. 그때 마침 화장실에서 세수를 하고 머리를 아무렇게나 올려 묶은 슬기가 나온다.

슬기를 보더니 민기 오빠는 또 반갑게 인사한다.

"슬기야 안녕…."

슬기는 인사를 받지도 하지도 않은 채 곧바로 달려가 보행기에서 예준이를 꺼내 안는다.

놀란 예준이가 갑자기 울기 시작한다.

슬기는 우는 예준이를 억지로 안고는 메고 온 배낭을 힘겹게 들어 한쪽 어깨에 멘다. 배낭이 슬기의 작은 몸집보다도 크다는 걸 또 한번 느낀다. 소라가 슬기의 급한 몸짓에 잠깐 벙쪄 있다가 우는 예준이를 보곤 슬기를 만류한다.

"슬기야 가게? 예준이 우니까 좀 진정하면 가자, 응? 오빠가 이거 케이크도 사왔는데, 이거 먹으면서 우리 얘기 좀만 더 하고 가자, 응?"

슬기는 소라와 눈을 마주치지 않는다. 소라만이 아니라 이 공간에 서 있는 세 명을 모두 외면한다.

슬기는 본인의 바닥까지 모두 봐버린 친구들의 눈을 도저히 똑바로 볼 수가 없다. 얼른 이 공간에서 도망치고 싶다.

그런데 예준이의 울음이 심상치가 않다. 오늘 한 번도 울거나 떼를 써서 우리를 힘들게 하지 않았는데, 그간 참고 있었던 울음을 모두 모아서 한꺼번에 울고 있다. 그냥 우는 게 아니라 온몸을 뒤틀어 가면서 이 세상이 다 떠나가도록 미친듯이.

그럼에도 슬기는 굴하지 않는다. 뒤로는 몸집만 한 배낭을 메고, 앞으로는 몸부림치며 우는 예준이를 겨우겨우 안고 있다. 슬기의 작은 몸이 앞뒤로 휘청휘청 한다. 휘청이면서도 슬기는 얼른 현관문 쪽으로 걸음을 옮긴다.

"가자. 예준아. 집에 가자."

손목보호대를 한 가녀린 손목으로 고개를 뒤로 젖혀대는 예준이의 목을 힘겹게 가눈다. 나와 소라는 저러다 예준이를 떨어뜨리는 건 아닐까 조마조마하며 바라볼 수밖에 없다. 가까이 다가가지는 못하면서 아슬아슬한 슬기 옆을 졸졸졸 따라갈 뿐이다.

현관에서 신발을 신으려던 슬기가 균형을 잠시 잃더니, 한 쪽 어깨에 걸쳐 있던 배낭이 흘러내려 마룻바닥에 내팽개쳐진다. 그러자 급하게 챙기느라 미처 다 닫지 못한 배낭 지퍼가 찌익 열리며 예준이의 작은 물건들이 우수수 쏟아진다. 쪽쪽이, 숟가락, 기저귀, 손수건, 딸랑이, 작은 물병, 예준이가 오늘 쓰고 온 검은색 벙거지 모자까지.

슬기는 내팽개쳐진 배낭과 물건처럼 현관문 앞에 아무렇게나 주저 앉아버린다. 미친듯이 울고 있는 예준이를 힘없이 자리에 내려놓는 슬기 얼굴이 잔뜩 일그러졌다. 손목보호대를 한 두 손으로 얼굴을 감싸더니 갑자기 예준이를 뒤로 돌려세워 엉덩이를 때리며 혼내기 시작한다.

"손예준. 손예준! 너 왜 이래. 어? 왜 집에 안 가."

예준이는 슬기의 손찌검에 거의 경기를 일으키듯 더 사납게

울어댄다. 슬기는 이젠 거의 울부짖으며 예준이의 엉덩이를
때린다.

"어? 너 왜 여기서는 밥도 잘 먹어? 울지도 않고! 집에서는 안
그러잖아! 집에서는 밥도 안 먹고 맨날 울기만 하잖아… 여기
서는 왜 그래, 왜. 엄마 속상하게… 어?"

우는 슬기를 보면서 나도 같이 운다. 소라는 쏟아진 가방을 정
리하고 민기 오빠는 자리를 피해준다.

슬기가 한참 동안 예준이를 혼내다가 예준이를 들어서 품에
꼭 안으며 두 눈을 감는데, 질끈 감은 눈틈을 비집고 나온 뜨
거운 눈물이 양 볼을 타고 주르륵 흐른다.

"예준아 아니야. 엄마가 미안해. 엄마가 잘못했어. 다 엄마 잘
못이야. 우리 예준이는 잘못한 거 없어."

그렇게 울면서 한참 예준이의 머리를 쓰다듬다가 눈물을 스윽
닦아내고 예준이와 눈을 맞추며 애써 웃으며 이야기한다.

"예준아, 여기가 좋지? 그래서 밥도 잘 먹고 울지도 않은 거
지? 이런 데서 살고 싶은 거야? 여기가 좋구나 우리집보다? 여
기가 좋았구나. 그랬구나."

슬기와 예준이 목에 걸려 있는, 거지가 되지 않게 도와준다는
세모 모양 펜던트가 동시에 반짝인다. 슬기는 현관문 앞에 앉

아 울고 있는 예준이를 꼭 안아주었다. 소라와 나도 그런 슬기를 가만히 보고 있는다.

예준이가 좀 진정되자 슬기가 예준이를 품에 꼭 안고서 자리에서 일어나 신발을 신는다. 소라가 들고 있는 배낭을 건네 받고는 말한다.

"얘들아 미안해. 오늘 못 볼 꼴 보였다."

그제야 내가 알던 슬기가 보인다. 세수를 말끔하게 해서 숯검댕이 눈썹이 지워지고 원래의 연한 갈색이 되었다. 돌아온 눈썹 색깔처럼, 지금 이 순간은 고등학생 김슬기의 모습으로 서 있다.

"슬기야, 나랑 같이 나가자. 나도 집 가야 돼. 너 차 가지고 왔지? 지금 말고 한 20분 있다가 운전…" 하는데, 슬기가 내 말을 끊는다.

"아니. 아니야. 나 오늘은 혼자가도 돼. 너희한테 너무 창피해서. 나 가고 나서 그때 서기 너 나오면 안 돼?"

소라가 대답한다.

"그래. 서기 너 30분 있다가 나가. 슬기야, 조심히 가. 집 가서 카톡 하나만 남겨."

슬기가 빨간 눈, 빨간 코를 하고 억지로 웃으며 대답한다.

"고마워. 나 갈게."

슬기가 도망치듯 소라의 집을 나간다.

현관문이 닫히고 삐리릭 잠기는 소리가 난다.

소라와 나는 말없이 마주보고 현관에 서 있는다.

과거는 힘이 없다

토요일 오전 10시.

출근을 준비하던 평소처럼 오전 7시에 눈을 떴다 감았을 뿐인데 벌써 시간이 많이 흘렀다. 여전히 이불 속에서 꼼지락 꼼지락 고개만 빼꼼 내놓고 폰을 보고 있다. 점점 할 일이 없어지자 그동안 방치해 두었던 메일함까지 궁금해진다. 별생각 없이 이메일 어플을 눌렀는데, 읽지 않은 이메일이 받은메일함에 수두룩 빽빽 쌓여 있다.

"많이도 왔네. 이건 스팸이고, 이건 또 뭐야."

인상을 팍 쓰고 빠른 속도로 제목을 읽는다. 스팸 메일을 다 비워내기 위해 체크박스를 클릭하느라 손가락이 분주하다. 그러다 갑자기 끼익 브레이크를 건다.

"뭐지 이건?"

낯선 제목에 손이 알아서 멈춰선다. 느리게 딸깍 클릭한다.

[받은 메일함] 출간 제안

안녕하세요. 페이지 출판사의 홍길동이라고 합니다.

서기님께서 블로그에 연재하고 있는 시리즈 너무 재밌게 잘 보고 있습니다. 연재 글을 책으로 출간하고 싶어서 연락을 …

나는 방금 전까지 겨울잠 자는 누에 흉내를 내다가 이메일을 확인하곤 자리에서 벌떡 일어나 앉는다. 두 눈을 격하게 비비고는 내용을 찬찬히 확인한다.

"뭐야 이거, 이거 꿈이야?" 하면서 볼을 꼬집어보다가 내 블로그를 열어서 동태를 살핀다.

현우가 부동산 임장 블로그를 하는 것을 옆에서 눈질로 보다가 나도 블로그를 열었다. 그리고 심심할 때마다 들어가 소설을 연재하곤 했다. 요즘은 새로 맡은 회사일 때문에 몇백 장짜리 매뉴얼을 읽느라고 도통 들어와보지 못했는데, 어느새 이웃이 500명이 넘었고 조회수도 1만이 넘는다.

나는 일단 일어나서 화장실로 가 찬물로 세수를 하고 헝클어진 머리를 상투처럼 틀어 올리고서는 경건하게 책상에 앉아 출판사에서 보낸 이메일을 네 번, 다섯 번 정독한다. 그리고 다시 내 블로그에 들어가 게재한 소설을 한 꼭지 한 꼭지 자세히 읽어보기 시작한다.

출근하는 지하철에서, 회사 화장실 변기에 앉아서, 회사에서 혼밥하면서, 자기 전 잠이 안 올 때 이불 속에 빼꼼 숨어서 마구잡이로 써 올렸던 글들을 다시 읽어보니 아주 형편없기 그지없다. 맞춤법은 다 틀렸고 띄어쓰기하기도 귀찮아서 막 써낸 난독증 유발 문장도 천지삐까리다.

무엇보다 내 글은 너무나 염세적이다. 비관적이고 우울하다. 나는 눈을 질끈 감고 블로그를 끈다. 그리고 가만히 생각한다.

'이런 걸로 책을 낸다고? 말이 돼? 그리고 이런 우울한 글을 누가 돈 주고 사서 보겠어? 나 같아도 안 봐. 혹시 이거 스팸메일인가?'

또 비관적인 생각을 하는데 띠링, 하고 댓글 알람이 뜬다.

— 이서기님, 글 잘 읽고 있습니다. 다음 편은 언제 올라오나요?

나는 핸드폰을 꺼서 엎어놓고 생각한다.

'낼 순 있겠지. 근데 나 공무원인데 괜한 짓 했다가 짤리면 어

떻게 하는데?'

'아니야. 공무원은 쉽게 짤리진 않아.'

'아! 그럼 겸직이 되나? 그럼 겸직 허가는 어떻게 받지?'

'겸직 허가. 이깟 걸로 겸직한다고 보고만 해도 박 계장이고 고 과장이고 다 비웃을 거야. 니까짓 게 도대체 무슨 책을 내냐고 비웃을 거야.'

나는 언제나 나를 향해 항상 날선 표정으로 지적질을 해대는 고 과장과 박 계장의 얼굴을 잠시 떠올렸다가 휴우, 한숨을 내쉬신다.

그때 교대근무를 마친 현우가 집 번호키를 누르고 들어온다. 나는 자리에서 일어나 버선발로 현우에게 달려간다.

"잘 다녀왔어?"

그런데 현우의 안색이 심상치가 않다. 현우는 대답할 기운도 없는 사람처럼 출근용 백팩을 옷방에 아무렇게나 던져놓고 옷도 대충 아무렇게나 벗어버린다. 그러곤 집에서 입는 막티셔츠에 막반바지를 입고 거실 소파에 아무렇게나 누워 눈을 감더니 기어들어 가는 목소리로 묻는다.

"서기야, 집에 감기약 있어?"

소파에 누운 현우에게 다가가 현우의 이마를 손등으로 짚는다. 너무나 뜨겁다.

"왜 이래? 왜 이렇게 뜨거워?"

"나 감기약 하나만."

좀처럼 잔병치레를 안하는 현우가 자리에 앓아눕자 갑자기 무서워진다.

수년 전 그때 병원에서 하얀 병원복을 입고 차가운 시체처럼 누워 있던 현우가 떠오르면서 뒷골이 딱딱하게 굳는 느낌이 든다. 나는 급하게 달려가 서랍에 있는 구급상자를 뒤져서 해열제와 감기약을 가져온다.

"현우야, 이거 약 빨리 먹어."

현우가 힘겹게 몸을 일으킨다. 나는 식은땀이 나서 축축한 현우의 손을 펴서 알약을 두알 쥐여준다. 현우가 새파래진 입술 사이로 피식 웃으며 말한다.

"물 줘야지, 물."

나는 아차, 하며 부엌으로 가 물을 한 잔 따라온다. 물을 건네받은 현우가 알약 두 개를 물과 함께 꿀꺽 넘기고 다시 소파에 눕는다.

"방으로 가서 침대에 누워. 응?"

현우가 시체처럼 눈도 못 뜨고 겨우 입만 벌려 말한다.

"안 돼. 너 감기 옮아. 나 이불 하나만 갖다줄래? 좀 자면 괜찮을 것 같아."

나는 안방에서 이불을 질질 끌고 와서 현우에게 덮어주고, 부엌에서 미지근한 물을 한 잔 떠서 소파 옆 테이블에 놓는다.

"옆에 물 떠놨으니까 마셔. 그리고 나 불러 많이 아프면."

현우가 고개를 끄덕한다.

나는 현우가 푹 잘 수 있도록 빛이 들어오지 않게 거실에 커튼을 친다. 현우가 아무렇게나 벗어놓은 옷을 정리하면서 백팩도 가방걸이에 걸어놓는다. 그러다 살짝 열려 있는 백팩 지퍼 사이로 뭔가 서류케이스 같은 게 튀어나와 있는 걸 발견한다. 가방에서 꺼내보니 두꺼운 상장케이스다. 그 안에는 궁서체로 무언가 써 있는 상장 같은 게 꽂혀 있다.

표창장
성명 : 공현우
귀하는 투철한 봉사정신으로…

상장을 읽어보려던 찰나에, 부엌에 놓은 내 핸드폰이 깨톡 깨톡 깨톡 깨톡 하면서 요란하게 울린다. 나는 현우가 잠에서 깰까 봐 부엌으로 한달음에 달려가서 급하게 핸드폰을 무음으로 바꾼다.

"누구야 시끄럽게."

누가 이렇게 열심히 깨톡을 보낸 건지 발신자를 확인한다.

발신자는 바로 여정이다.

[여정] 야 서기야. 이거 현우 아니야?

여정이가 어떤 뉴스 동영상을 보냈다.

나는 동영상을 클릭해 본다.

천에 빠져 급류에 휩쓸렸던 어린이가 소방관에게 구조되었습니다. 지난 8일 오후 7시 10분경, 서울시 노운구 노운교 아래를 흐르는 천에서 어린이가 떠내려간다는 신고가 119에 접수되었습니다.

이에 즉시 출동한 공현우 소방경이 현장에 도착해 아이를 발견하고 곧장 물 속으로 뛰어들었습니다. 아마추어 수영선수 출신인 공 소방경은 급류의 속도를 이용해 아이에게 신속히 접근하여 구조에 성공했습니다.

아이는 3분 정도의 심폐소생술 끝에 기적적으로 물을 토해내며 다시 호흡하기 시작했다고 목격자들은 전했습니다.

동영상 속 흐릿한 CCTV에는 주황색 소방관 옷을 입고 있는 어느 청년이 망설임 없이 천에 뛰어들어 어떤 조그만 아이를 팔로 감아 죽을 힘을 다해서 헤엄치는 모습이 고스란히 담겨 있다. 나는 그 흐릿한 동영상 속 까까머리 청년이 현우라는 것을 단번에 알아챘다.

현우는 이제 수영복이 아니라 주황색 소방관 옷을 입고 있지만, 선수 시절 항상 하던 다이빙 동작을 루틴 그대로 적용해 물에 뛰어들었다.

그 시절처럼 말이다.

현우의 날개가 꺾이기 전 찬란했던 그 시절.

나는 물에 뛰어드는 현우를 보고서 입을 틀어 막았다. 나도 모르게 눈물이 줄줄 났다. 혹시나 하는 마음에 동영상을 또다시 돌려보는데, 뉴스 앵커가 명확한 딕션으로 또박또박 말한다.

　　노운소방서에서 일하는 소방경 공현우

현우가 맞다.

순간 나는 조금 전에 들고 있었던 현우의 가방 속 표창장을 떠올린다. 핸드폰을 아무렇게나 던져놓고 다시 옷방으로 들어와 현우의 가방 속 그 표창장을 열어 눈물을 닦으면서 내용을 읽어봤다.

　귀하는 투철한 봉사정신으로 재난 상황에 빠진 시민을 구조하여…

상장 위로 눈물이 떨어진다. 현우의 이름 위로 떨어진다. 현우가 곤히 자고 있는 그동안 나는 여정이가 보내준 동영상을 혼자 앉아서 백만스물한번쯤 돌려보고, 동영상에 딸린 댓글들도 다 읽었다.

　— 멋지네요~ 감사합니다.
　— 대단하십니다. 이런 공무원도 있으시네.
　— 소방관으로서 타인의 목숨을 구한 것보다 더 대단한 일이 있을까요?

현우를 향한 칭찬 일색이 이어졌고 또 한 어린 생명이 살아난 것에 기뻐했다.
그런데 나는 기뻐할 수가 없었다. 물에 뛰어드는 현우의 모습을 보고는 도저히 기뻐할 수가 없었다.
현우는 어깨를 수술한 이후로 단 한 번도 수영장에 간 적이 없다. 남들 다 가는 바다로 피서 한 번 간 적도 없다. 그때 같이 수영하던 친구들과도 일절 연락을 끊었다. 현우의 기숙사에 가득 쌓여 있던 그 많던 수영복, 수경, 수영 가방까지 싸그리 모아서 쓰레기통에 버렸다. 그렇게 자기의 과거와 오랜 꿈을 쓰레기통에 버렸다. 그때 이후로 현우는 한 번도 물에 들어간 적이 없었다.

언젠가 여름에 한번 한강 쪽에 자전거를 타러 갔을 때, 자전거를 끌고 걸어가면서 한강 수영장에 사람들이 바글바글한 것을 보고 나는 무심코 현우에게 물었다.
"현우야, 수영 다시 하고 싶지 않아?"
현우는 내 물음에 고개를 들지도 않고 대답도 하지 않았다. 그러다가 나를 보며 애써 웃으며 말했다.
"우리, 편의점에서 라면 먹을까?"
나는 억지로 웃어내는 현우의 얼굴에서 내 손등에 영원히 새겨져 있는 화상흉터와 비슷한 것을 봤다.
그런데 그런 현우가 동영상 속에서 일말의 망설임도 없이 물에 뛰어들고 있다.
현우는 어떤 마음이었을까.
물에 뛰어드는 그 순간 어떤 심정이었을까.

그 마음을 생각하니 눈물이 멈추질 않았다.

그리고 축쳐진 아이를 가까스로 팔로 감아 죽을 둥 살 둥 헤엄 치는 모습을 보고 있자니 정말 두려웠다. 이번에야 운이 좋았 지만 어쩌면 한순간의 사고로 현우를 잃을 수 있겠구나, 생각 하니 물 한 모금이 목구멍으로 넘어가지 않았다.

그렇게 나무 막대기처럼 굳어서 몇 시간 동안이나 현우가 나 오는 뉴스 동영상을 돌려보고 있는데 현우가 어느새 일어나서 기지개를 펴며 내게로 와 말을 건다.

"아우. 좀 자니까 살겠다. 나 많이 잤어?"

나는 현우의 말에는 대꾸도 안 하고 그 자리에 얼음처럼 앉아 서 핸드폰 속 현우만 보고 있다.

"응? 뭐 봐?"

현우가 내 폰을 집어들어 화면 속 자신의 모습을 확인한다. 나 는 빨갛게 충혈된 눈으로 현우를 올려다보며 말한다.

"너 왜 이랬어?"

현우가 핸드폰을 꺼서 책상에 엎어 놓는다. 나를 지그시 쳐다 보기만 할 뿐 아무 대답도 하지 않는다.

"너 왜 그랬냐고. 왜 이렇게 고민도 안 하고 뛰어들었냐고."

현우는 웃으며 내 어깨를 잡으며 말한다.

"고민할 시간이 없었어. 그러면 아이가…"

나는 현우의 말 위에 말을 얹는다.

"그럼 너는?! 너는 괜찮냐고. 수술하고 나서 물에 안 들어간 게 몇 년 전부터인데. 그게 몇 년짼데! 어?"

현우가 아무 말이 없다.

"그래. 그럼 너는 그렇다 치고. 그럼 나는? 만약에 너 잘못됐으면 나는 혼자 남겨지잖아. 내 생각은 안 해? 왜 그렇게 신중하지 못하고…."

현우가 단호하게 말한다.

"내가 신중했거나 고민했으면 아이가 죽었어."

현우의 단호한 말에 또 눈물이 난다. 24살 현우의 깨톡 프로필 사진에서 현우의 까까머리 모습을 처음 봤을 때, 그때 현우의 상태메시지를 떠올린다.

신중보단 전념으로. 고민보단 행동으로.

나는 눈물을 더 주륵주륵 흘리면서 운다. 그러자 현우가 휴지를 가져와서 내 옆에 앉아 눈물을 닦아준다.

"괜찮아. 나 괜찮잖아. 이렇게. 응?"

그러면서 양팔을 들어 뽀빠이 자세를 한다. 나는 또 속도 없이 피식한다. 그렇게 몇 분을 꺼이꺼이 울다가 현우가 타온 따뜻한 결명자차를 한 모금 마신다. 그리고 내 옆에서 내 등을 쓸어주고 있는 현우에게 묻는다.

"근데 물에 들어가서 괜찮았어? 수영 못하게 된 것 때문에 그동안 많이 힘들었잖아. 과거 기억 때문에 많이 힘들었잖아."

나는 습관적으로 손으로 화상흉터를 만지작만지작한다.

현우는 계속 내 등을 쓸어내릴 뿐 몇 분이나 말이 없다. 현우의 따스한 손길에 점점 안정을 찾아갈 때쯤 현우가 혼잣말처럼 중얼거린다.

"과거는 힘이 없더라고."

"응?"

현우가 내 손에 들려 있던 머그컵을 뺏어들고 책상에 탁 놓는다. 그리고 내 왼쪽 손등의 흉터를 똑바로 보면서 굳은살이 박힌 단단하고 두꺼운 손으로 쓰다듬으며 말한다.

"과거는 이미 지나갔어. 우리는 이제 현재를 살면 돼. 그러면 그만이야."

나는 아리송한 말을 하는 현우를 아리송한 얼굴로 본다.

"현재의 내가 매 순간 최선을 다하다 보면 알게 돼. 뭔가 잠깐 잘못되더라도 그게 내 인생의 끝은 아니란 걸. 우리는 각자 어려움을 겪어왔고 앞으로의 인생에도 수많은 어려움이 놓여 있을 거야. 하지만 실패로 보이는 것들이 사실은 실패가 아니고, 성공으로 보이는 것들이 사실은 성공이 아님을 알아야 해. 성공과 실패를 단정할 수 없어. 그저 우리 같은 작은 존재가 알 수 없는, 이 세상의 인과 관계들이 작용한 결과일 뿐이야. 우리가 할 수 있는 최선은 단 하나야. 그저 나에게 선물처럼 와준 현재를 소중히 여기는 것. 과거에 발목 잡히지 않고 미래를 선불지 점치지 않는 것."

현우가 살짝 미소 지으며 말한다.

"불이 두려워 아직도? 근데 옆에 내가 있잖아. 나 소방관이잖아. 내가 다 꺼주면 되지. 안 그래?"

나는 현우의 말에 무슨, 하면서 피식한다. 그리고 마음이 갑자기 무언가로 꽉 차오르는 것을 느낀다. 내게 어떤 커다란 방패가 생긴 것 같다.

현우는 그런 나를 보더니 자기의 두 손으로 흉터가 새겨진 내 왼손을 꼬옥 잡는다.

"아, 배고프다. 우리 떡볶이 먹으러 나갈까?"

현우가 내 머리를 쓰다듬으며 자리에서 일어난다. 나는 콧물이 가득 맺혀 코맹맹이 소리를 내면서 자리에서 일어나는 현우를 올려다보곤 대답한다.

"그래. 소시지도 추가하자."

현우가 웃으며 말한다

"그래. 하하. 너 먹고 싶은 것 다 시켜."

우리는 마주보고 씨익 웃는다.

계획대로 흘러가지 않는 게 인생이다

다음 날 일요일 저녁.

나와 소라가 한 어두운 호프집에 마주 앉아 있다.

나는 소라에게 묻는다.

"이 동네는 갑자기 왜 온 거야?"

소라가 뻥튀기를 와그작 씹으며 말한다.

"오늘 아는 언니 아들 돌잔치였어. 언니 집이 이 근처라서."

나는 아, 하면서 끄덕끄덕 한다.

소라가 뻥튀기를 들었다 놨다 하며 내게 묻는다.

"혹시 슬기. 연락 온 적 있어?"

나는 고개를 올려들어서 호프집 조명을 잠시 구경하고서 대답
한다.

"아니. 문자 답장 안 해. 전화도 안 받고."

우리가 시킨 먹태와 송송 썰어진 청양고추가 들어간 간장 마요네즈가 나온다.

나는 먼저 나온 500cc 맥주잔을 들어 꼴깍 맥주를 마시곤 핸드폰을 보고 있는 소라를 따라서 핸드폰 화면을 켠다. 그리고 어제 출판사에서 받은 이메일을 다시 한번 열어서 읽어본다.

그때, 소라가 핸드폰을 꺼서 엎어놓고 결대로 잘 찢어진 먹태를 하나 간장에 찍어 먹으며 내게 묻는다.

"넌 요즘 뭐 별일 없어? 안색은 나쁘지 않네."

"응. 현우랑 틈나면 자전거 타러 다니고. 그냥 그런데…."

내가 말을 흐리자, 소라가 귀신같이 내 얼굴에 쓰여진 고민을 읽어내고는 묻는다.

"그런데 뭐?"

나는 결심한다.

자세를 고쳐 앉고 반짝이는 눈으로 말한다.

"출판사에서 연락이 왔어."

"출판사? 무슨 출판사?"

"나 블로그에 소설 쓰는 거."

그때 소라가 손에 잡고 있던 먹태를 다시 접시에 내팽개치면서 내게 얼굴을 들이대며 방방거린다.

"야! 너 블로그에 글 쓰는 거 책으로 내재? 어? 맞아?"

나는 의기소침한 얼굴로 느릿느릿하게 고개를 끄덕거린다.

내 손에는 골프공이 하나 쥐여져 있다. 몇 달 전 최리 주무관 님의 집에서 가져온 그 골프공이다. 출판사로부터 이메일은 받은 뒤 내 번뇌는 108개에서 109개로 늘고 말았다. 제안을 받은 그날부터 집에서 만지작거리던 이 골프공 모양의 번뇌를 소라와의 약속에까지 무심코 데리고 왔다.

소라는 머뭇거리는 나에게 속 터진다는 표정으로 묻는다.

"그래서 한다고 했어? 한다고 했지?"

나는 기어들어 가는 목소리로 말한다.

"아직 답장 안 보냈어."

"왜?"

나는 소라의 물음에 그제서야 내가 왜 이러고 있는지를 말로 써 정리해 본다. 괜히 테이블 밑 손에 쥐여진 내 109번째 번뇌를 만지작만지작거리면서.

"왜냐면… 그냥 뭐랄까…. 이런 걸 책으로 낼 수 있는지도 모르겠고. 내가 그럴 자격이 있는지도 모르겠고. 그리고 너무 별론데. 다시 읽어봐도 너무 별로야. 그리고…."

소라가 한숨을 쉬며 말한다.

"하아. 그리고 뭐?"

"이런 건 내 계획엔 없었어."

"계획? 무슨 계획."

"그냥. 내 인생 계획."

소라가 그런 나를 보고 있다가 어이없다는 듯 코웃음을 친다.

"니가 뭔데 계획을 해?"

"뭐? 그건 당연히…. 내 인생이니까."

"그러니까. 지금까지 우리 인생… 우리가 계획한 대로 흘러온 게 뭐 하나 있기나 해? 난 뭐 처음 취직할 때부터 10년 내내 일할 거라고 계획했는 줄 알아? 나도 그냥 1년만 바짝 벌어서 그 돈으로 해외여행이나 다니려고 했어. 근데 그냥 살다 보니까, 살다 보니까 이렇게 된 것뿐이야."

소라의 말처럼 인생은 언제나 그렇듯 계획한 대로 흘러가지 않는다.

얼마 전 200원 때문에 고초를 겪었던 일도 내 계획엔 없었던 일이고, 내가 행정고시를 포기하고 9급 공무원이 된 것도 계획에 없었던 일이다.

지금 내 앞에 앉아 있는 소라도 20살부터 10년 내내 일하기를 계획한 적 없다.

준호도 서울대를 나와서 대기업을 포기하고 9급 공무원이 되기를 계획한 적 없다.

현우도 수영선수를 포기하고 소방관이 되기를 계획한 적 없다.

그리고 불을 두려워 하는 내가 소방관과 결혼하게 되리란 것은 정말 꿈에도 상상하지 못했던 일이다.

그렇게 그냥 흘러가도록 놔둬서 이것저것 해보다가 간혹 운 좋으면 뭐 하나씩 발에 채이는 게 인생이다. 각 잡고 내 인생 예쁘게 재단 좀 해보려고 가위 잡고 달려들면 그것도 진짜 위험하다. 가위가 안 들어서 안 오려지기도 하고, 오리지 말아야 할 곳을 오려내기도 한다.

그냥 그렇게 내 맘대로 절대 안 되는게 인생이다. 그리고 때로 인생에는 계획에 없는 시련도 찾아오기 마련이지만, 계획에 없는 선물도 찾아오기 마련이다.

나는 지금까지 내 인생에 한 번도 없었던 '계획에 없던 선물'을 눈 앞에 두고 이것을 주워야 할지 지나쳐야 할지 멍청이처럼 서서 고민하고 있다.

"야! 너 이러고 있을 시간 있냐고. 니가 뭔데 고민을 해. 너는 지금 기세를 탄 거야. 어?"

기세.

4년 전 겨우 내 인생의 관문을 하나 넘고, 서초동에서 오랜만에 만난 60세가 다 된 외삼촌의 반짝이는 눈동자.

그 눈동자 속에 있었던 그것, 기세.

나는 고개를 돌려 호프집 창에 비친 내 눈동자를 본다.

그때와는 많이 달라졌다. 그렇지만 이게 그 기세와 같은 종류인지는 확신하지 못하겠다.

나는 또 고개를 떨군다.

"무슨 생각해? 빨리 답장 보내. 회신하라고."

소라는 고개를 박고 뭔가 생각에 잠긴 나를 채근하다가 내가 아무 답도 없자 몇 분 정도 그냥 내버려 둔다. 그렇게 무거운 시간이 지나간다.

그 시간 동안 맥주는 점점 미지근해지고, 소라가 미지근한 맥주를 한입 마시더니 인상을 쓴다. 맥줏잔을 책상에 탁 놓곤 말이 없는 나를 또 한참 지켜본다.

그러다가 이젠 더 이상 못 참겠다는 듯이 벌떡 일어난다.

"아, 뭘 그렇게 만지작거리고 있어?" 하며 자리에서 일어나 테이블 밑 내 손을 치켜들고는 손에 쥐고 있는 골프공을 뺏는다.

"골프공이네? 뭐야. 너 골프 칠 줄도 모르면서 이건 왜 갖고 다녀."

"아, 그거 그냥 누가 준 거야."

소라는 에휴, 쯧쯧, 하며 고개를 절레절레 흔든다. 나는 만지작거릴 골프공을 뺏기자 이젠 손톱을 톡톡 소리내며 물어뜯고 앉아 있다.

팔짱을 끼고 그런 내모습을 빤히 보던 소라는 갑자기 팔짱을 풀고 의자를 당겨 앉아 내게 얼굴을 들이민다. 그러고선 진지할 때만 나오는 가라앉은 허스키 목소리로 천천히 또박또박 말한다.

"잘 들어봐. 세상에 주무관은 많잖아. 이 주무관, 김 주무관, 박 주무관. 셀 수도 없이 많아. 평생 그 중에 한 명으로 살고 싶어?"

"아니, 아니야."

대답을 하면서 조직도 속 수많은 이름 없는 주무관들을 떠올린다.

"기회가 온거야. 네가 '이 주무관'이 아니라, 오롯이 '이서기'로 살아볼 기회."

"기회…."

"그래. 기회. 그리고 니가 아직 잘 모르나 본데, 기회는 선착순이야. 니가 이렇게 고민하는 시간에 너보다 발 빠른 누군가에게 순식간에 뺏겨버리는.

그러니까 잘 생각해.

뺏기고 싶어, 아님 가져오고 싶어?"

"가져오고 싶어. 나도… 나도 한 번쯤은 잘 해보고 싶어."

"그래. 담당자 핸드폰 번호 있지? 당장 문자 보내."

나는 이메일 서명란에서 전화번호를 확인하곤 문자 메시지를
적어 내려간다.

　안녕하세요. 이서기입니다.

　보내주신 메일에 회신 드립니다.

　저에게 이렇게 선물 같은 기회를 주셔서 고맙습니다.

　저는… 저는 이 기회를 꼭 잡고 싶습니다.

　꼭이요.

전송 버튼을 누르려다 말고 고개를 들어 소라를 똑바로 본다.

소라가 긍정의 뜻으로 끄덕한다.

"그럴까? 내가 잘할 수 있을까?"

소라가 나를 보고 따듯한 미소를 짓는다.

"당연하지. 할 수 있어. 넌 잘할 수 있어."

소라와 나는 마주본다. 그리고 웃는다. 공무원 주무관의 얼굴
이 아니라 원래의 내 얼굴을 하고서.

소라가 다시 장난스런 얼굴을 하곤 내 맥줏잔을 툭툭 친다.

"야! 너 200도 못 벌면서 맥주 또 남겨? 어?"

번외편

양극화의 끝

우주의 미래

2주 후 어느 토요일.

나는 한껏 차려입고 서울의 어느 역 앞에서 소라를 기다린다.

핸드폰으로 라라의 모바일 청첩장을 자세히 들여다보고 있는데 내 앞에 하얀색 벤츠 E클래스가 선다.

창문이 내려가고 소라가 말한다.

"야, 타."

나는 조수석에 타서 소라와 간단히 인사를 나누고 갑자기 성사된 라라의 결혼식을 묻는다.

"라라가 갑자기 무슨 결혼이야? 이렇게 갑자기. 진짜로 당황스럽네. 요즘 모임에도 안 나와서 제대로 묻지도 못했어. 너 뭐 아는 거 있어?"

소라가 네비게이션을 보고 운전을 하면서 말한다.

"라라 임신했대."

나는 눈이 땡그래져서 소라를 보며 입을 틀어막는다. 소라가
라라를 대신해 사정을 말한다.

"걔 썸타던 남자 있다고 했잖아."

나는 자리를 고쳐앉아 열심히 끄덕끄덕한다.

"어어어어."

"그 남자가 뭐 미팅, 소개팅, 그런 걸로 그냥 만난 사람이 아니
더만."

"그럼 뭘로 만나?"

"부모님끼리 아는 사이인데 어렸을 때부터 알고 지냈나 봐."

나는 고개를 갸우뚱하곤 잠시 생각한다.

"아, 그렇구나. 그래도 너무 뜬금없는데. 모바일 청첩장 하나
받은 게 다잖아."

소라가 고갯짓으로 네비게이션을 가리키며 말한다.

"야. 근데 지금 가는 데 잠실 시그니엘. 너 가본 적 있어?"

"아니. 처음 가보는데? 그냥 예식장 아니야?"

"그냥 예식장은 아니지. 청첩장 봐봐. 주소 좀 자세히 보라고."

나는 핸드폰을 들고 모바일 청첩장을 다시 한번 확인한다.

"잠실 시그니엘 76층. 76층?!"

63빌딩보다도 13층이나 높은 76층.

숫자로만 들어도 압도되는 높이인 그곳.

하늘 위에 둥둥 떠 있을 그곳이 대체 어떤 곳일지 도저히 상상도 안 간다.

그렇게 이야기를 나누는 사이에 우리는 시그니엘 입구에 도착했다. 차를 세우자 유니폼을 입은 남자 직원들이 호텔 정문에서 뛰어나온다. 그리고 차에서 내린 나와 소라에게 90도로 인사한다. 나도 어색하게 따라서 인사하는데, 소라가 직원에게 차 키를 건넨고 내 팔짱을 끼며 들어가자, 한다.

나는 뒤를 돌아보며 소라에게 묻는다.

"차 맡겨도 괜찮은 거야?"

"아. 너 호텔 처음 와봤어? 발렛 맡기면 알아서 다 해줘."

"아."

나는 소라에게 이끌려 엘리베이터까지 걸어간다. 건물의 천장은 높고, 바닥이고 벽이고 눈이 부시도록 반짝인다. 유니폼을 입고 여기저기 서 있는 직원들 모두 과하지 않은 미소를 지으며 평온하게 서 있다. 얼마 지나지 않아 엘레베이터가 내려오고, 소라와 나는 올라탄다.

소라가 76층을 누르는데 누르자 마자 슈웅, 하곤 우리를 실은 작은 직육면체가 아주 미세한 덜컹거림도 없이 부드럽게 올라간다. 아마 내가 타본 어떤 엘리베이터의 속도보다도 가장 빠를 것이다. 시간이 1초, 2초 지날수록 귀가 멍멍해진다. 어렸을 적 어느 좋은 날에 엄마가 큰맘 먹고 데려가준 63빌딩 꼭대기 층으로 올라가던 그때 그 느낌이다.

청아한 띵동 소리와 함께 엘리베이터 문이 스르륵 열리자 로비에 있던 직원들과 똑같은 유니폼을 입은 직원들이 어서오십시오, 하며 인사한다. 몸을 앞으로 공손히 숙였다 일어나서는 길쭉한 유리잔에 담긴 샴페인과 오렌지주스를 건넨다. 이게 바로 웰컴 드링크인가 보다, 생각하면서 나는 또 어색하게 목례를 하며 오렌지주스를 받아든다.

이 장소가 아주 어색하다. 이곳도 어쩌면 나를 어색해 하는 것 같다. 이 곳과 나는 부자연스럽게 겉돌고 있다. 물과 기름처럼 도무지 섞이질 못한다.

소라는 어쩌고 있는지 보는데, 소라는 그래도 좀 어우러져 보인다. 샴페인 잔을 들어 꼴깍 마시는 모습이 그래도 자연스러워 보인다.

나도 곁눈질로 소라를 흘끔흘끔 보면서 얼떨결에 건네받은 오렌지주스를 꼴깍 마셔본다. 잔을 들고 주변을 두리번두리번하는데, 다들 한 손에 잔을 들고는 아는 사람들끼리 무리를 지어 즐겁게 이야기를 나누고 있다. 미국 드라마에서나 보던 스탠딩 파티 같은 느낌이 든다.

나는 소라에게 귓속말을 한다.

"라라는 어딨을까? 신부 대기실에 있나."

소라가 시계를 보곤 대답한다.

"라라 지금. 1부 예식 하고 있을 거야. 가족들끼리 1부 예식하고 지인들이랑 2부 예식 한대. 우리는 2부 예식이라 쫌 기다려야 돼."

"결혼식을 두 번 해? 그럼 여기를 하루 종일 빌린 거라고?"

"응. 너 라라네 아버지 사업한다고 했던 거 알지."

"고딩때 라라가 지나가면서 한 말 언뜻 들었던 거 같아."

"근데 그게 그냥 사업이 아닌 거 같아. 우리 아부지처럼 작은 중소기업이 아닌 거 같더라고."

"와."

나는 잠시 생각에 잠겼다가 이 곳을 다시 둘러본다. 서울의 랜드마크, 잠실 시그니엘 76층. 파티에 초대받은 듯 즐거워 보이는 사람들. 남녀노소 가릴 것 없이 머리부터 발끝까지 나 같은 공무원은 알아볼 수도 없는 명품으로 치장한 사람들. 큰 통창 너머 한눈에 내려다보이는 서울의 풍경.

"소라야. 라라, 재벌 3세 뭐 그런 건가?"

"글쎄. 근데 여기 내가 알기론 꽃값만 일이천이야. 근데 어떻게 우리한테 그렇게 일언반구 안 할 수 있지?"

30분 후.
2부 예식이 시작되기 직전에 나와 소라는 우리 이름이 예쁘게 적힌 테이블로 안내 받는다.
처음 상경한 사람처럼 두리번두리번하고 있는데, 슬기와 여정이가 도착해서 내 어깨를 툭 친다.
"어. 왔어?"
그렇게 넷이 한 테이블에 둘러앉았다.
2주 전 슬기는 소라네 집을 박차고 나간 후 전화도 받지 않고 문자에도 답장을 안 했다. 나는 힐끔힐끔 슬기의 얼굴을 살핀다.
머리는 새카만색 그대로이고, 화장은 옅게 했다. 겨자색 원피스에 머리를 단정하게 묶었는데, 얼굴은 아직도 피곤해 보인다. 알 수 없는 그늘이 드리워져 있다. 슬기는 반갑게 이런저런 말을 하는 여정이와는 다르게 아무 말도 안 하고 마네킹처럼 앉아 있다.

결혼식이 시작되고 우리는 라라의 모습을 본다. 구석탱이 테이블에 앉아 있는 우리는 사람들의 정수리 너머로 라라가 드레스 입은 모습을 보는데, 우리가 알던 라라가 아닌 것 같다.

나는 옆자리에 앉아 있는 여정이에게 넌지시 말한다.

"여정아, 쟤 라라 맞지? 나 지금 티비 보고 있는 것 같아."

여정이도 라라에게서 눈을 떼지 못하며 대답한다.

"나도야. 이거 실화 맞아?"

이 상황이 믿기지는 않아도 어쨌든 자세를 고쳐잡아 열심히 결혼식을 관전하고 있는데, 주례를 보러 나온 어르신이 왠지 낯이 익다.

"어어?"

티비에서 노란색 민방위복을 입고 코로나19 상황 브리핑을 하던 그 정치인이다.

나는 소라를 쿡 찌르며 말한다.

"야. 저 사람. 정치인 맞지?"

소라도 이번에는 좀 놀란 눈치다.

"어. 클라쓰 뭐냐 진짜."

그렇게 어찌저찌 식이 끝났다. 저멀리 작은 레고처럼 보이는 라라는 다시 자취를 감춘다. 이야기를 나눌 새도 없이 우리가 앉아 있는 바로 그 자리에 직원 세 명이 우르르 와서 열 개도 넘어 보이는 금색 숟가락과 포크를 세팅한다.

나는 여정이에게 속삭인다.

"숟가락이 왜 이렇게 많아?"

여정이가 복화술을 한다.

"나도 모르지. 그냥 가만 있어."

직원이 길쭉하고 하얀 종이를 하나씩 두고 가는데, 아마도 메뉴에 대한 설명인 듯하다.

시그니엘에서는 3스타 쉐프의 최신 메뉴를 선보입니다.

에피타이저

피쉬

메인

디저트

갈겨 쓴 필기체로 읽기 힘든 영어들이 쓰여 있다.

나름 영어 전공자로서 인상을 바짝 쓰고 정독해 보려고 하는데 이내 음식이 나온다. 새하얀 접시는 유에프오만큼이나 큰데, 그 위의 먹을 건 아주 코딱지만 하다. 음식을 위해 접시가 존재하는 건지, 접시를 위해 음식이 존재하는 건지 점점 헷갈리려고 한다. 나는 어색하게 5개의 숟가락과 5개의 포크 중 평균 키가 되는 것을 하나 골라잡아 그 미니어쳐 같은 음식을 슬쩍 건드려 본다.

소라는 일단 사진을 한장 찍고서 코딱지만 한 먹을 것을 십분의 일 등분해서 입속에 넣고 오물오물 하고 있다. 오물오물 할 것도 없을 것 같은데 오물오물 하고 있다. 나도 대충 소라를 보면서 그 몸짓을 따라해 본다.

그렇게 5번째 디저트 접시를 받아서 사진을 찍어보고 있는데, 핑크색 드레스를 입은 라라와 베이지색 정장을 입은 신랑이 무대에 나와서 하객들에게 인사를 한다. 뭐라 뭐라고 인사를 하긴 하는데 잘 들리진 않는다. 티비를 보는 기분이라서 이젠 현실감도 사라진다.

그때 직원 두 명이 삼단 케이크가 올라와 있는 상을 질질질 끌고 신랑 신부 앞에 세팅하고 뒷걸음질 쳐서 총총총 나간다.

"삼단 케이크."

나는 중얼댄다. 삼단 케이크의 실물을 나는 본적이 없다. 아마 어렸을 적 애니메이션에서나 본 것 같다. 라라와 신랑은 길쭉하고 반짝이는 케이크 칼을 같이 잡고 삼단 케이크를 자른다. 하객들은 일제히 잔을 들고 환호한다. 하나같이 처음 보는 신기한 광경에 눈알을 굴리느라 우리는 이야기를 나눌 여유가 없다.

라라 부부의 삼단 케이크 커팅식이 끝나자 갑자기 사회자가 레크리에이션 모드로 하객들에게 공지한다.

"자. 여러분. 주목해 주세요. 여기 계신 신랑님, 신부님, 그리고 신부님의 뱃속에서 자라고 있는 소중한 아이 우주가 어려운 시국에도 이 자리를 찾아주신 내빈들 여러분을 위해 작은 성의를 준비하셨다고 합니다."

직원들이 일사불란하게 움직여 다시 삼단 케이크를 물리고 당구공같은 것들이 가득 들어 있는 투명 상자를 들고와 신랑 신부 앞에 놓는다.

나는 생각한다.

"우주? 라라 애기 태명도 우주야?"

예준이의 태명도 우주였다.

예준이가 너의 별이냐는 내 물음에 슬기는 별이 아니라고, 예준이는 내 우주라고 대답했다. 아이는 모든 엄마에게 온 우주가 된다.

"하객 여러분들 앉아 계신 자리에 새겨진 숫자 보이시나요?"

내 테이블을 내려다본다. 작게 32라고 쓰여 있다.

"자. 그럼 지금부터 우리 신랑님과 신부님이 공을 뽑을 건데요, 공에 적힌 숫자와 똑같은 번호에 앉아 계신 분이 여기 이 선물을 가져가게 됩니다."

우리는 일제히 경품을 본다.

너무 작아서 잘 보이지도 않는다.

"자! 그럼 3등! 뽑아주세요!"

라라가 투명박스에 손을 넣어 공을 하나 뽑아서 사회자에게 보여준다.

"네에, 12번! 12번 어디 계시죠?"

12번이 속해 있는 테이블에서 환호가 터져 나온다. 12번 자리에 앉아 있던 남자가 '우오오!' 하며 환호성을 내지른다. 사회자는 무르익은 분위기에 만족해 하며 12번을 축하한다.

"축하드립니다! 3등은 시바스리걸 18년산!"

직원이 하얀 장갑을 낀 손으로 어떤 양주병을 들어 12번에게 전달한다. 12번은 양주를 건네 받고는 신나 하며 하객들을 보며 인사를 건넨다.

하객들은 열렬히 박수를 친다.

"자, 이제 신랑님! 2등 뽑아주세요!"

신랑이 공을 뽑아 사회자에게 보여주자, 사회자는 똑같은 텐션으로 2등 선물을 하객 누군가에게 전달한다. 분위기가 점점 뜨겁게 달아오른다.

"자. 이제 마지막 1등입니다! 1등은 우리 아름다운 신부님께서 뽑아주실 거고요. 하객 여러분들은 두구두구, 같이 해주세요!"

하객들은 너 나 할 것 없이 테이블을 두 손으로 내려치며 두구두구두를 외치고 있다. 분홍색 드레스를 입은 라라는 모두의 환호를 온몸으로 받으며 공을 뽑아 사회자에게 보여준다.

사회자는 탄성을 내지른다.

"자! 축하드립니다 34번! 34번 어디 계시죠?!"

순간 정적.

아무도 자리에서 일어나지 않는다. 나는 두리번두리번하다 '34번?' 하면서 우리가 앉은 자리를 확인한다.

31번. 김소라

32번. 이서기

33번. 정여정

34번. 김슬기

슬기다.

슬기는 미동도 안 하고 그대로 앉아 있다.

사회자가 정적을 참지 못하고 채근한다.

"34번! 34번 안 계신가요?!"

그때, 가만히 앉아 있는 슬기 대신에 여정이가 방방 뛰며 손을 번쩍 든다. 사회자가 손을 든 여정이를 발견하고 반갑게 축하

한다.

"아 네에! 저쪽에 숨어 계셨군요! 1등이십니다! 발렌타인 30년산! 축하 드립니다!"

머리를 쪽지게 묶고 검은색 유니폼에 하얀색 장갑을 끼고 있는 얼굴 없는 직원이 발렌타인 30년산 양주를 조심히 가져와 슬기의 무릎에 곱게 올려두고 간다. 하객들이 일제히 슬기를 향해 박수치고 환호한다. 하지만 슬기는 어딘가 넋이 나간 사람처럼 아무런 반응이 없다.

나는 슬기의 무릎에 놓인 양주를 보며 청약 결과를 확인하고 슬기가 울부짖으며 했던 말을 생각한다.

'이번 달에 무당이 횡재수가 있다고, 대운이 들거라고 그랬는데… 그랬는데 왜 안 된 거야.'

슬기의 횡재수, 대운이 지금 이 순간 아무런 감흥도 없는 슬기의 무릎에 고이 놓여져 있다. 다들 슬기를 향해 박수를 치고 휘파람을 불고 환호를 보내주는데 나는 그럴 수 없다. 소라도 그럴 수 없다. 우리도 슬기처럼 말과 표정을 잃었다.

사정을 알 리 없는 여정이는 슬기를 툭툭 치면서 신나 한다.

"야 김슬기! 너 1등이래! 완전 횡재다 횡재!"

그렇게 화려하고 현실감 없는 76층 구름 위에서의 결혼식이 끝나고 짐을 챙겨 식장을 나오는데, 식장 바로 앞에 사람들이 줄을 서 있다.

옆에 있는 여정이에게 묻는다.

"저거 뭐지? 줄 서서 뭐하는 거야?"

그러는데 소라가 어디선가 꽃을 한아름 뽑아가지고 와서 우리에게 말한다.

"야아, 너네도 꽃 갖고 와. 이쁜 걸로 뽑아오면 저기 앞에서 포장해줘."

예식에 쓰였던 생화를 하객들이 집으로 가져갈 수 있도록 세 명의 플로리스트들이 매대에 일렬로 서서 쉴 새 없이 꽃을 포장하고 있다. 평소 꽃을 좋아하던 소라가 제일 신나 한다.

나는 말한다.

"그래? 그럼 나도 한 송이만 뽑아와 볼까."

그러면서 슬기의 팔을 잡는다. 슬기는 한쪽 팔에 오늘 1등 경품으로 받은 발렌타인 30년산 양주를 안고 있다.

"슬기야. 우리도 꽃 포장해 가자."

슬기는 어색하게 웃으며 내게 말한다.

"아니야. 난 별로. 나 먼저 집에 갈게. 다음에 보자."

슬기는 내게 제대로 된 인사를 할 틈도 안 주고 뒤돌아서 가버린다. 슬기가 점점 멀어지더니, 꽃을 들고 행복하게 웃고 있는 많고 많은 사람들에 가려서 이젠 보이지 않는다.
나는 멍하게 서 있다.
이젠 더 이상 보이지도 않는 슬기를 보면서.

어느 화창한 아침.
6평 남짓한 작은 방 침대에서 어느 청년이 힘겹게 몸을 일으킨다.
누군가 문을 똑똑 두드린다.

똑똑. 똑똑똑.

마른 몸에 하얀 피부. 창을 통해 쏟아지는 아침 햇살 때문에 청년의 갈색 머리, 갈색 눈썹이 더욱 밝아 보인다.
까치집이 된 갈색 머리를 긁적긁적 하다가 책상에 있는 어떤 표지를 귀찮은 듯 집어든다.

   Do not disturb.

똑똑 노크하던 누군가의 발자국 소리가 잦아드는 것을 확인하고 청년이 빼꼼 문을 열어 바깥쪽 문고리에 표지를 걸어둔다.

문을 닫고 방으로 들어온 청년은 책상 위에 있는 생수를 병째로 벌컥벌컥 마시곤 창밖을 본다.

햇빛에 반사되어 반짝 빛나는 목걸이의 세모 모양 펜던트.

청년은 책상 한 구석에 성물처럼 놓여진 양주를 보며 엄마를 생각한다.

"아들, 우리 이건 정말 좋은 일 있을 때 마시자."

잠시 생각에 잠겼다가 갑자기 가방 속에서 무언가를 급하게 찾는다. 찾는 것이 보이지 않자 가방을 책상에 탈탈탈 털어놓는데, 출입증이 발 밑으로 툭 하고 떨어진다. 청년이 힘겹게 고개를 숙여 발 옆에 떨어진 출입증을 집어든다.

거기엔 간단한 인적사항이 적혀 있다.

손예준. 30세. 남.

302동 201호 거주. D등급.

행복생활숙박시설

하, 하고 한숨을 내쉬며 출입증을 침대에 내팽개치고는 폰을 열어 오늘 날짜를 확인한다.

2049년 3월 7일.

28년 후 서울.

갈색 머리에 갈색 눈썹을 한 누군가의 분신이 이제는 어른이
되어 더 어두워져 앞이 보이지 않는 세상을 견뎌내고 있다.

월 200도 못 벌면서
집부터 산 31살 이서기 이야기 2

초판 1쇄 인쇄 2021년 11월 12일
초판 1쇄 발행 2021년 11월 23일

지은이 이서기
펴낸이 김동환, 김선준

책임편집 최구영
편집팀장 한보라 **편집팀** 최한솔, 최구영, 오시정
마케팅 권두리, 권희 **디자인** 김혜림

펴낸곳 페이지2북스 **출판등록** 2019년 4월 25일 제 2019-000129호
주소 서울 영등포구 여의대로 108 파크원타워1. 28층
전화 070) 7730-5880 **팩스** 070) 4170-4865
이메일 page2books@naver.com
종이 ㈜월드페이퍼 **인쇄** 더블비 **제본** 책공감

ISBN 979-11-90977-47-0 (04320)

· 책값은 뒤표지에 있습니다.
· 파본은 구입하신 서점에서 교환해드립니다.
· 이 책은 저작권법에 의하여 보호를 받는 저작물이므로 무단 전재와 복제를 금합니다.